●十五年戦争極秘資料集　補巻48

河原　功　解題

台湾総督府第六十回帝国議会説明資料　第1冊

不二出版

〈復刻にあたって〉

一、復刻にあたっては左記所蔵の原本を使用いたしました。記して感謝申し上げます。

東京大学経済学図書館、首都大学東京図書館

一、原本の破損や汚れ、印字不良により判読しにくい箇所があります。

一、適宜縮小して収録しました。また、白頁は適宜割愛しました。

一、資料の中に、人権の視点から見て不適切な語句・表現・論、現在からみて明らかな学問上の誤りがある場合でも、歴史的資料の復刻という性質上、そのまま収録しました。

（不二出版）

〈第1冊　収録内容〉

解題『台湾総督府第六十回帝国議会説明資料』

河原　功

帝国議会について

帝国議会は、明治天皇による詔勅「国会開設の詔」（一八八一年一〇月一二日）表明後、一八八九年二月一一日の「大日本帝国憲法」発布を経て、一八九〇年七月の「第一回衆議院議員総選挙」後の同年一一月に成立した。貴族院（皇族・華族議員と勅選議員）と衆議院（公選）の二院制で、「第一回帝国議会」（一八九〇年一一月二九日－一八九一年三月七日）に始まり、「第九十二回帝国議会」（一九四六年一二月二八日－一九四七年三月三一日）まで行われた。通常会は年に一回を常則とされ、勅命によって毎年一一月または一二月に召集された。会期は三ヶ月だったが、勅命によって延長されることもあった。また、一ヶ月未満で閉会を迎えることもあり、時には開会翌日に衆議院解散となることもあった。ほかに特別議会や臨時議会が召集されることもあった。

帝国議会で台湾が話題となった二つの重大事件

昭和期に入って、帝国議会で台湾が話題となったのは、「第五十二回（通常会）」（一九二六年一二月二六日－一九二七年三月二五日）及び「第五十三回（臨時会）」（一九二七年五月四日－一九二七年五月八日）での台湾銀行問題、それと「第五十九回（通常会）」（一九三〇年一二月二六日－一九三一年三月二七日）での霧社《むしゃ》事件問題だった。

a　台湾銀行問題

「第五十二回帝国議会」会期中の一九二七年三月一四日の衆議院予算委員会で、片岡直温《なおはる》大蔵大臣が東京渡辺銀行が破綻したと失言したことに端を発して金融恐慌が始まり、それとの関連で総合商社「鈴木商店」に多額の融資をしていた台湾銀行が休業の危機に追い込まれた。その台湾銀行救済のために開かれたのが「第五十三回臨時議会」で、「日本銀行特別融通及損失補償法」と「台湾ノ金融機関ニ対スル資金融通ニ関スル法律」との二法律を制定して恐慌の善後処置を定めた。しかし、この台湾銀行問題が台湾総督府の責任にまで発展することはなかった。

b　霧社事件問題

「第五十九回帝国議会」は一九三〇年一二月二六日に開会された。金輸出解禁実施（金本位制に復帰）による昭和恐慌で農村危機と失業者増大、ロンドン海軍軍縮条約締結に関して統帥権干犯問題がおこり、更に濱口雄幸《おさち》（立憲民政党）首相が狙撃されたりと問題山積で、貴族院本会議四一日、同予算委員会一九日、衆議院本会議三六日、同予算委員会二五日と、約三ヶ月という長期間にわたって開かれた。

その中にあって、台湾に関する質疑は「霧社事件」に関するものが多かった。

一九三〇年一〇月二七日、台湾の台中州能高《のうこう》郡霧社の原住民族が蜂起し、「内地人」一三四名、台湾人二名を殺害する事件が勃発した。蜂起した原住民族（「反抗蕃」）の鎮圧には、台湾総督府としては各州から警察官を動員する一方、台湾軍の出動を要請し、さらに蜂起に加わらなかった原住民族（「味方蕃」）を雇用して事件の収束をはかった。鎮圧が思うように進まないので台湾軍は毒ガスを使用したという。「反抗蕃」一二三六名のうち生存者は五一四名で、彼ら（「保護蕃」）は二ケ所に設置された収容所で警察の監視下に置かれた。事件の背景には、山地警察官の圧政、強制された苛酷な労働、原住民族とのトラブル等々、多重の原因があった。

この「第五十九回帝国議会」の会期中の一九三一年一月一六日に石塚英蔵（立憲民政党）台湾総督は霧社事件の引責で更迭（後任は太田政弘関東庁長官）され、翌一七日には人見次郎総務長官も更迭（後任は高橋守雄兵庫県知事）された。日本政府としては、霧社事件の鎮圧が一段落したところで、台湾最高の地位にいる総督と総務長官を更迭させることでこの「第五十九回帝国議会」での本格的審議を回避しようとした。また、二月一八日に台湾総督府は、霧社事件で総督府批判をしてきた台湾民衆党（結党は一九二七年七月一〇日）にも解散命令を下した。

この霧社事件そして台湾統治をめぐって、貴族院では湯地幸平、川村竹治、志水小一郎、井上清純、花井卓蔵らが次々と質疑、これに幣原《しではら》喜重郎内閣総理大臣臨時代理兼外務大臣、松田源治拓務大臣、宇垣一成陸軍大臣、生駒《いこま》高常拓務省管理局長が答弁した。また、衆議院では、浅原健三、濱田國松、大山郁夫、坂本一角らが次々と激しく質疑、これに幣原喜重郎、松田源治、宇垣一成、生駒高常、池田蔵六台湾総督府財務課長が答弁に追われた。両院の予算委員会でも井上清純、花井卓蔵、坂本一角、濱田國松による追及は激しかった。

蜂起の原因等については、台湾総督府が公表した報告書『霧社事件の顛末』（一九三一年一月六日）に沿った内容だった。鎮圧に当たって毒ガス使用がしばしば話題となったが、宇垣陸軍大臣は「致命的ノモノデナイ催涙弾ヲ使用」と答え、毒ガス使用は最後まで否定を貫いた。菊の紋章入り機関銃が「反抗蕃」に奪われたことについては、警察保管のものではないと述べ、台湾軍のものであることを匂わせた。

台湾統治五〇年間で台湾総督の更迭にまで及んだのはこの一件だけだったが、台湾統治のあり方そのものへの更なる厳しい言及がされ、松田拓務大臣の引責辞任を求める発言も少なくなかった。阪本釤之助（貴族院）と川村竹治（貴族院）による日月潭電力工事についての質疑、さらに井上清純（貴族院）と清瀬一郎（衆議院）による台湾民衆党の結社禁止について質疑する場面もあった。中断している日月潭電力工事に関しては、計画再検討と外債募集で再開の目途が立ったと簡単に返答できたが、台湾民衆党の結社禁止については霧社事件と無関係だと主張するものの、松田拓務大臣の答弁は歯切れの悪いものだった。

四月一三日に首相病状悪化のため濱口内閣は総辞職、翌一四日に第二次若槻禮次郎内閣（立憲民政党）が成立した。若槻首相は閣僚のほとんどをそのまま引き継いだが、松田源治拓務大臣と俵《たわら》孫一商工大臣を引退させ、霧社事件の完全な幕引きを果たすことにした。

「第六十回帝国議会」への台湾総督府の対応策

一九三一年の大きな出来事は、九月一八日に関東軍が満州占領を企てて柳条湖事件を起こし、これが満州事変の始まりとなったことである。

また、一二月一一日に安達謙蔵内務大臣の辞職拒否により閣内不統一で第二次若槻内閣が総辞職、そして二日後の一三日に犬養毅内閣（立憲政友会）が成立したことである。立憲政友会の政権奪還は、張作霖爆殺事件（一九二八年六月）の処理失敗で一九二九年七月に総辞職した田中義一内閣以来のことだった。犬養内閣は組閣即日に金輸出再禁止を決定、同時に緊急勅令をもって兌換を停止した。その結果は、為替の暴落と物価の騰貴をもたらし、不況はさらに激化（東北地方の冷害・凶作などによる農村不況深刻化）していった。そういうなかで、「第六十回帝国議会」（一九三一年一二月二六日－一九三二年一月二一日）が開会された。

ところが、この会期中の一九三二年一月八日、陸軍観兵式から帰幸中の天皇の馬車に朝鮮人李奉昌が爆弾を投げる事件が起こった。「桜田門事件」である。犬養首相は天皇に辞表を提出したものの、「優諚《ゆうじょう》」すなわち天皇の厚い思召しの仰せで留任となったのだが、一月二一日に天皇は衆議院に解散を命じた。その結果、「第六十回帝国議会」は犬養首相、芳澤謙吉外務大臣、高橋是清大蔵大臣の三人が演説したのみという状態で閉会してしまう。議会は衆議院では三日間、貴族院では二日間しか開かれなかったことになる。

台湾総督府としては、「第五十九回帝国議会」で霧社事件をめぐって厳しい質疑を受けたため、しかも一九三一年四月二五日のタウツア蕃による「保護蕃」襲撃事件（「保護蕃」の死者二一〇名、行方不明者六名）いわゆる「第二霧社事件」が発生したことで、決着がついたはずの霧社事件問題が再燃することを恐れた。「味方蕃」に貸与していた銃や弾薬をスムーズに回収するために、警察官が「味方蕃」に対して「反抗蕃」への報復の機会を与えたことによる虐殺事件だったからだ[1]。

それ以上に危惧したのは、台湾民衆党を解散させたことに関連して、台湾島内の社会運動や政治運動等への弾圧が帝国議会で追及されることだった[2]。台湾総督府警務局としてはどちらも探られたくない事項だが、霧社事件では理蕃課が、台湾民衆党解散では保安課が矢面に立たされるため、第六十回帝国議会に向けて『説明資料』を周到に準備した形跡が読み取れる。それが、ここに復刻する『台湾総督府第六十回帝国議会説明資料』である。

ところが、一瞬にして議会解散を命じられたことで、準備した資料を用いる場面はなかった。戦々恐々としていただけに、台湾総督府関係者は安堵したことと思われる。

処分された多くの台湾総督府資料－『帝国議会説明資料』ほか

『帝国議会説明資料』は会期にあわせて台湾総督府でも準備された。同じ植民地だった朝鮮総督府作成の『帝国議会説明資料』は敗戦後も比較的残っていた。また、南満州鉄道株式会社作成の『帝国議会説明資料』『同別冊』もある程度残っていた。しかし、台湾総督府作成の『帝国議会説明資料』の残存は驚くほど少ない。現時点で確認できた台湾総督府の『帝国議会説明資料』は僅かに二点、『第五十七・八回』（東京都立大学図書館、現首都大学東京図書館蔵）と『第六十回』（東京大学経済学部図書館蔵）だけである。多くの『帝国議会説明資料』は焼却処分されたようだ。

『第五十七・八回』と『第六十回』とではかなり異なっていて、前者は一般的な説明内容に留まっているが、後者のほうは機密性のある秘文書が多く、資料的価値は極めて高いと言える。霧社事件勃発前の警務局長は石井保だったが、昭和六年一月に井上英に代わり、四課長らも更迭された。台湾総督や総務長官の更迭は、更に台湾総督府の高級官僚の人事異動に及んだわけである。そういうこともあって、『台湾総督府第六十回帝国議会説明資料』の内容は緊張感をもって刷新されたのかもしれない（『第五十七・八回』は本復刻の附録として採録）。

敗戦と同時に台湾では多くの官庁側の史料／資料が組織的に焼却処分されたようだ。敗戦でも台湾島内は比較的静穏だったこと、総督府体制が引き続き機能していたことで、不都合な文書を焼却するに時間的余裕があったのである。重要書類の処分はかなり徹底していたようで、そのため警務局に山ほどあったはずの社会運動や政治運動の秘文書はことごとく消失してしまった。

例えば総督府警務局保安課図書掛からのマル秘の謄写版刷り月刊報告書『台湾出版警察報』[3]（一九二九年八月創刊）にしても、国立台湾大学総図書館（台北帝国大学の後身）に僅か二年半の期間のみが残存しているだけである。毎号数十部印刷され、関係部署に配布されたのだが、台北帝国大学にまで指令が届かなかったのか、焼却処分を免れたのは奇跡だった。

また、総督府警務局編纂の『台湾総督府警察沿革誌』[4]にしても、活版印刷されたことから考えて、少なくても一〇〇部、あるいは一五〇部近く出版されたはずなのに、長いこと目にすることができなかった。とりわけ『第二編　領台以後の治安状況（中巻）台湾社会運動史』は「引用文書中には共産党テーゼ其他頒布を禁ぜられ或は差押処分を受けたるもの多し。従て本書は部外持出を厳禁する等其の取扱に関し留意せられたし」（凡例）とあり、部外秘の中でも最も管理が厳しかった。

台湾総督府作成の『第六十回帝国議会説明資料』の内容紹介

東京大学所蔵『第六十回帝国議会説明資料』は「其一」「其二」「其三」の三分冊から成る。各分冊に綴じ込まれた資料は次の七点で、警務局関係の文書が質量ともに圧倒的に多い。

「其一」『高等警察概況』（秘）警務局保安課　昭和六年九月二十五日
　　『南支那及南洋施設費予算説明資料』文教局学務課　昭和七年一月
　　『福州日本小学校水戸訓導夫妻遭難顛末状況』　昭和七年一月三日
　　『対岸ニ於ケル協会ノ新聞事業』善隣協会　昭和七年一月（？）
　　『当府補助対岸医院ニ対スル第六十議会説明資料』警務局衛生課　昭和七年一月
「其二」『議会説明資料』（秘）台湾総督府警務局保安課主管
「其三」『議会説明資料　二』〔仮題〕（秘）台湾総督府警務局保安課

以下、各資料について簡略に説明することとする。

a『高等警察概況』（秘）警務局保安課　昭和六年九月二十五日

「特別高等警察」「出版警察（新聞紙及出版物ノ取締）」「外事警察」の三編から成る。

第一編「特別高等警察」は、第一章が民族運動（旧台湾民衆党　台湾地方自治聯盟　台湾議会設置請願運動）、第二章が共産主義運動、第三章が学生運動、第四章が文化協会、第五章が農民運動（概況　農民団体ノ運動　台南州地主会　小作争議ノ情勢）、第六章が労働運動（労働運動発展経過ノ概要　現在労働団体ノ情勢ト左翼分子ノ赤色総工会組織運動　労働団体　労働争議）で、台湾島内はもとより、日本内地や中国大陸での台湾人の社会運動、政治運動、民族運動が要領よく記述されている。

台湾民衆党の創立（一九二七年七月一〇日）から禁止（一九三一年二月一八日）にいたる経緯、党首蒋渭水の人物評価、台湾地方自治聯盟の弱点、台湾議会設置請願運動の低迷、共産主義運動の撲滅、学生運動への警戒、台湾文化協会の不振、左傾化する台湾農民組合、中国人労働団体と関係を深めつつある台湾人労働団体など、組織図や一覧表も織り込まれて、いずれも議会答弁を意識して簡潔に記されている。警務局では一九三九年七月に一四〇〇頁に及ぶ『台湾総督府警察沿革誌第二編（中巻）台湾社会運動史』（部外秘）を纏め上げるが、その原形を感じさせる構成であり、内容と言えよう。

第二編は「出版警察（新聞紙及出版物ノ取締）」である。新聞紙（新聞及び雑誌）の発行が日本国内では「届出制」であるのに台湾では「許可制」であること、台湾島外から移入される新聞紙の発売頒布は総督の許可を受けた取次人に限ること、発売頒布禁止処分の方針が内務省と異なって厳しい理由が簡潔に記されている。[5]

第三編「外事警察」は、第一章が中華民国領事館設置問題ノ沿革及其ノ影響、第二章が支那労働者取締、第三章が台湾在留禁止処分となっている。

台湾に中華民国領事館が設置されたのが一九三一年、事務を開始したのが三月二八日だった。館員名簿が載っており、総領事林紹楠、副領事袁家達等の履歴は貴重だ。また、台湾着任時の様子、開館式での林総領事の演説、中国人の領事館への期待や依存も紹介されており、台湾総督府として厳重な警戒をしていることがわかる。台湾民衆党が中華民国と関係を持とうして、蒋渭水と林総領事とが密談、また弟の蒋渭川が林総領事を江山楼に招待したことも記されている。

この「外事警察」の項は、『高等警察概況』中でいちばん興味を覚える内容と言えよう。

b『南支那及南洋施設費予算説明資料』文教局学務課　昭和七年一月

台湾総督府では、対岸の中国に在住する台湾人児童のために福州東瀛学校、厦門《アモイ》旭瀛書院、汕頭《スワトウ》東瀛学校を設置した。また、内地人児童のための小学校を福州、厦門、汕頭、広東に設置した。所管は台湾総督府文教局で、教員は台湾総督府から派遣された。その設立経緯、現状、各校に対する台湾総督府の補助金額、将来の方針、満州事変の影響などが、簡明に記述されている。

c『福州日本小学校水戸訓導夫妻遭難顛末状況』昭和七年一月三日

水戸参雄は一九二六年から三年間、台中州台中第一尋常高等小学校に勤務。そして一九三〇年に、総督府文教局から中国在住の内地人児童教育のため中国に派遣された。ところが、一九三二年一月三日、水戸訓導夫妻は福州日本小学校の宿舎で三名の中国人に襲われて死亡した。その事件の報告書である。

d『対岸ニ於ケル協会ノ新聞事業』善隣協会　昭和七年一月（?）

善隣協会は一八九七年に福州の『閩報』を買収、さらに一九一九年に厦門の『全閩新日報』を買収した。両紙が激化する排日行動を抑止していること、その意味で今後も補助金の交付が必要であることを記した内容となっている。執筆時期は明記されていないが、おそらく一九三二年一月であろう。

e『当府補助対岸医院ニ対スル第六十議会説明資料』警務局衛生課　昭和七年一月

対岸の中国には在留邦人のための医療施設として、厦門博愛会、広東博愛会、福州博愛会、汕頭博愛会の設立するそれぞれ博愛病院があり、経費の不足額は台湾総督府が補助している。その各博愛病院の現状、補助額、治療患者比較、収支決算状況等の説明があり、将来に向けて補助の継続の必要を説いている。

f『議会説明資料』（秘）台湾総督府警務局保安課主管　一九二八年一二月（?）

台湾総督府警務局が台湾人の抵抗運動を詳細に把握していることがうかがえ、彼らの社会運動、政治活動を厳しく弾圧してきた経緯が述べられており、貴重な資料である。次の項目について説明している。

一、浮浪者取締制度
二、理蕃概要
三、保甲制度
四、支那労働者ノ取締
五、南支那及南洋施設費ノ使途
六、趙明河ニ対スル刑法第七十五條ノ罪及傷害事件
七、新竹騒擾事件
八、古廷福外三十九名公務執行妨害等事件
九、呉遠飛外十三名治安警察法違反事件

一〇、小澤一外二十名治安維持法違反事件／張月澄外十名治安維持法違反事件

作成された年月日は記されていないが、記事内容が三年前の一九二八年一二月までの記録と古いこと、表題が単に「議会説明資料」としか書かれていないことから、この第六十回帝国議会（一九三一年一二月二六日－一九三二年一月二一日）に合わせて新規に作成された資料とは考えにくい。おそらく第五十六回帝国議会（一九二八年一二月二六日－一九二九年三月二五日〈通常会〉）のために作成されたものであろう。この文書が『第六十回帝国議会説明資料』に綴じ込まれたということは、実際には第五十六回から五十九回帝国議会では準備されず、第六十回帝国議会では台湾総督府保安課への追及があると予想していたからだと思われる。

一、浮浪者取締制度

浮浪者取締制度の沿革、浮浪者取締の状況、「浮浪者取締規則」適用に関する事例、「浮浪者取締規則」の撤廃を主張する『台湾民報』の記事、第四十四回帝国議会衆議院での中野正剛の質疑、諸外国での浮浪者取締制度を紹介している。浮浪者取締制度の正当性を述べている。

二、理蕃概要

「理蕃」とは原住民統治を意味する。この項目の内容は、いまだに帰順に応じない原住民族もあるが、今では原住民族対策で懸念することはなく、撫育も順調に進んでいることをあっさりと記している。この時点では、原住民族最大の武力抵抗「霧社事件」が二年後に勃発することなど予想もしていなかった。

三、保甲制度

保甲制度は台湾特有の制度で、「保甲条例」のもと、警察補助機関（後に市街庄区長の職務補助も追加）として設置された。一〇戸を「甲」（その長は「甲長」）とし、一〇甲すなわち一〇〇戸を「保」（その長は「保正」）として組織された。戸口調査、出入者取締り、風水火災及土匪強盗警戒調査、地元保安林保護、伝染病や害虫等の予防、阿片弊害矯正、道路橋梁の修繕及

清掃等々が課せられた。犯罪隠匿者や過怠処分を受けた者が出た場合には連座責任制が採られていた。保甲制度は台湾人のみを対象にしたもので、内地人や原住民族には適用されなかった。あくまでも台湾人統治策の一環であった。

この保甲制度についての第四十四議会貴族院特別委員会での質疑、王学潜や洪元煌らによる撤廃建議が付録として収められている。

四、支那労働者ノ取締

台湾領有当初、台湾総督府は安寧秩序を維持するために、清国人の台湾上陸を禁じていた。しかし、労働力の不足から段階的に規制を緩め、一九〇四年九月には「支那労働者取締規則」を発布して中国大陸からの労働者を受け入れるようになった。多くは雑役、製茶や農業、裁縫や編物、建築や製造に従事する者、人力車夫や料理人等で、台湾社会を下支えしていた。受入れは台湾総督が許可した取扱人「南国公司」を通じてのことだった。彼らには常時「上陸許可証」を携帯させ、監視を怠らず、言動の取締りを強化していたとある。

五、南支那及南洋施設費ノ使途

台湾総督府では、厦門、広東、汕頭、福州に設置した博愛病院や日本小学校、南洋における文化施設、南洋関係の各種事業に補助金を供していた。これはその明細である。

六、趙明河ニ対スル刑法第七十五條ノ罪及傷害事件

朝鮮人の趙明河による久邇宮邦彦王《くにのみやくによしおう》殺害未遂事件（一九二八年五月一四日）に関する報告、並びに公判での死刑判決（同年七月一八日）の記録である。

七、新竹騒擾事件

新竹での林冬桂（台湾文化協会新竹支部長）ほか七九名の判決に至る経緯。一九二七年四月、台湾文化協会主催の文化講演会で解散を命じられたことに端を発し、新竹州警察課巡査に暴行を受けたことで生じた事件の説明、そして予審（同年一二月）及び公判（一九二八年七月〜九月）の記録である。

八、古廷福外三十九名公務執行妨害等事件

一九二七年一〇月、古廷福（農業）、黄石順（台湾農民組合新竹州駐在中央常任委員調査部長）、黄師樵（本名・黄式杰、贅六パック台北支社桃園支局記者）、周井田（台湾農民組合本部事務員）らは日本拓殖株式会社（本社は中壢）に対して小作料の減額を要求した。日本拓殖はその要求を拒否し、水田等に差押えの表示板を掲示した。台湾農民組合中壢支部挙げてそれに抵抗したことで、古廷福ほか三九名が逮捕された。そして一九二八年一二月、公務執行妨害等で裁判に処せられた。その予審までの記録である。

九、呉遠飛外十三名治安警察法違反事件

呉遠飛ら一三名が苗栗郡銅鑼での台湾拓殖製茶株式会社名義の山林分譲を求め、相思樹を無断伐採し、「治安警察法」違反及び「暴力行為等処罰法」違反で起訴された事件の記録であり、一九二八年六月に呉遠飛ほか九名の有罪が確定した。

一〇、小澤一外二十名治安維持法違反事件

小澤一《はじめ》らは無政府主義運動である台湾黒色聯盟の活動に賛同し、一九二六年一一月頃より組織の拡充に努めていた。関係者は逮捕され、一九二八年二月に小澤一、呉滄洲、王詩琅、呉松谷の四名は「治安維持法」違反で懲役刑となった。残る黄白成枝、洪朝宗、謝頼登、張棟、蔡考乾、陳崁、李友三ら一六名は予審免訴となった。

同　張月澄外十名治安維持法違反事件

広東国立中山大学の学生張月澄、郭徳金、張深切、杭州中医専門学校生の林仲節らは日本の台湾統治を批判、台湾革命青年団を組織することを計画した。国体の変革の実行を煽動した科で一一名中の一〇名が一九二八年二月及び四月に公判に付せられた。

g 『議会説明資料　二』［仮題］（秘）台湾総督府警務局保安課　一九二九年一二月（？）

この『資料』には表紙がない。しかし、内容が『高等警察概況』（a）及び『議会説明資料』（f）と深く関わること、警務局保安課が管轄する事項をかなり詳細に記述していることから、台湾総督府警務局保安課が作成した部外秘の文書であることは明白である。そこで、便宜的に台湾総督府警務局保安課による『議会説明資料　二』［仮題］（秘）とすることにした。また、『議会説明資料』（f）同様に、この『議会説明資料　二』にも作成された年月日が記されていない。しかし、昭和四年一二月までの記述であることから、第五七回帝国議会（一九二九年一二月二六日－一九三〇年一月二一日）（通常会）に合わせて一九二九年一二月に作成された資料だと言えよう。この文書もまた『第六十回帝国議会説明資料』に初めて綴じ込まれていることから、議会での台湾総督府保安課への追及をかわそうとしての対応だったと思われる。

記述は下記の七項目で、『台湾総督府警察沿革誌第二編（中巻）台湾社会運動史』に継続していく内容である。

一、台湾民衆党ノ運動（民族運動）
二、台湾文化協会ノ運動
三、農民運動
四、労働運動
五、島外ニ於ケル本島人ノ思想運動
六、島内在住朝鮮人ノ概況
七、出版警察

一、台湾民衆党ノ運動（民族運動）

第一節「沿革」で民族運動の発端、台湾文化協会の創立及びその現況を記している。第二節「台湾民衆党ノ創立及其ノ現況」で台湾民衆党の創立状況、組織が述べられている。さらに、台湾民衆党の活動として、総督府評議員会への反対、地方自治制度の改革、保甲制度の撤廃、官庁の諸施設に対する反対、中国政策への反対、中国渡航での旅券制度の撤廃、台湾始政記念日の反対、総督府予算削減の要求、内地人官吏に支給される六割加俸の全廃、言論の自由の許可、「浮浪者取締規則」の廃止、甘蔗原料採収区域制度の廃止、その他のさまざまな運動を詳述している。さらに台湾民衆党が労働運動と深く関わっていること、台湾議会設置請願運動(7)に加担している記述もある。

二、台湾文化協会ノ運動

台湾文化協会の分裂前後の状況から始まり、組織やその主義綱領、全島代表大会の状況、台湾農民組合との関係など、記述は詳しい。また、組織一覧表、支持団体一覧表、講演会調、犯罪調、検束調、専従者調（主要人物）なども纏められており、貴重な情報を提供してくれている。

三、農民運動

台湾での農業人口は総人口四五〇万人のうち一一四万人（一九三〇年）と職業別で最多であったが、そのほとんどは台湾人で、内地人で農業に携わる者は少数だった。主要農産物は米、甘蔗、茶だった。台湾農民組合は組織を拡大していき、その運動も活発化していった。その台湾農民組合の組織及び現勢、小作争議・蔗農争議・土地争議といった農民運動の実態等を詳述している。一九二八年をピークにして農民運動は下降線をたどるが、この資料から総督府の弾圧の厳しさを読み取ることができる。活動家は「台湾出版規則」で逮捕されることが多く、その一人として一覧表に楊貴（楊逵）が載っている。

四、労働運動

台湾での労働運動の特異性、労働争議の発生原因や状況さらにその傾向、台湾民衆党系台湾総工聯盟の組織、台湾文化協会系の労働団体、在台中国人労働団体との関係などを詳述している。

五、島外ニ於ケル本島人ノ思想運動

日本内地での台湾青年会、台湾学術研究会、日本共産党台湾民族支部の内情を詳述。中国では、上海台湾学生聯合会にも触れており、過去に台湾の独立や革命を求める動きのあったことの記述もある。

六、島内在住朝鮮人ノ概況

台湾在住の朝鮮人に関しての人数や職業についての一覧である。台湾には一九二九年九月二〇日現在、朝鮮人が二二一戸、六七五人いた。男性は船員、漁夫、職工、行商人が多く、女性は酌婦、娼妓、仲居、下女が多かったことがわかる。

七、出版警察

台湾島内発行の新聞紙、内地から移入される新聞紙、中国等の外国から輸入される新聞紙、それらの一覧表、そして取締りの実態。また、定期出版物、台湾島内出版物、内地出版物、中国出版物の取締りの実態。台湾人の社会運動の支えであった雑誌『台湾青年』『台湾』、新聞『台湾民報』『台湾新民報』、左傾化した台湾文化協会の機関誌『台湾大衆時報』、東京台湾学術研究会の『ニュース』、台湾人が中国で出した台湾革命青年会機関誌『台湾先鋒』(広東)、『民聲』(漳州)、『新台湾』(北京)、『平々』(上海)、閩南台湾学生聯合会機関誌『台湾新青年』などについても詳述している。

警務局保安課の図書掛が担当する「検閲」について、台湾では日本内地よりも厳しかったことが伺える資料である。

まとめに代えて—『台湾総督府帝国議会説明資料』に関する疑問

『台湾総督府帝国議会説明資料』で気になることが幾点かある。

第一に、『台湾総督府第六十回帝国議会説明資料』はいつ、どの時点で製本されたのかという疑問である。

資料七点は三分冊に製本されて残っているが、第六十回帝国議会の開会に合わせて製本したとは思えない。帝国議会に臨むに当たっては、七点はそれぞれバラバラだったのではないか。資料は議会が終了した時点で掻き集められ、保存用として少部数が製本されたのではないか。だとすると、この『台湾総督府第六十回帝国議会説明資料』が現存することは奇跡的なことなのかもしれない。

第二に、製本された『台湾総督府第六十回帝国議会説明資料』はこの三分冊だけなのか、ということである。圧倒的に多いのは警務局で、次いで文教局の資料が少量ある。確かに警務局は治安維持という植民地統治の最前線を担っているわけだから、警務局が準備しなければならない資料が質量ともに多いことは理解できる。しかし、台湾総督府には、ほかにも内務局、財務局、殖産局、専売局等もあるわけで、それぞれの部局が何の資料も準備せず帝国議会に臨むことは考えにくい。「其四」「其五」もあったのではないか?

第三に、『台湾総督府帝国議会説明資料』は全ての会期にわたって確実に製本され、保存されてきたのかという疑問である。というのも、時期を異にする「第五十七回」と「第五十八回」が『第五十七・八回帝国議会説明資料』と一冊に纏められていることは奇妙なことである。「第五十七回」と「第五十八回」の『帝国議会説明資料』が合本で残されていることからして、台湾総督府がその会期ごとに『帝国議会説明資料』を製本して残してきたかどうか、疑わしい。帝国議会向けに準備された数多くの資料をわざわざ会期ごとに冊子にして残すことはしなかったのかもしれない。『台湾総督府帝国議会説明資料』の現存が少ないのは、もしかすると製本して保存しないこともあったからなのかもしれない。

第四に、『台湾総督府帝国議会説明資料』が、各一点ではあるが東京大学と都立大学(首都大学東京)のみに所蔵された件についてである。どういう経緯をたどってそれぞれの大学に所蔵されたのであろうか。大学側に収蔵経緯を記録した原簿が残っていれば判明する可能性があるが、果たしてどうであろうか。

これらの疑問に答えてくれるのは、やはり『台湾総督府帝国議会説明資料』が更に発見されることに待つしかない。また、他地域・他機関等の『帝国議会説明資料』と付き合わせることでヒントが得られるかもしれない。『台湾総督府帝国議会説明資料』にはまだまだ多くの謎が秘められている。

注

(1)「保護蕃」襲撃事件が警察官による煽動だったことは、江川博道『昭和の大惨劇　霧社の血桜』(江川博道、一九七〇年七月)中での警察官小島源治の証言で初めて明らかにされた。この一〇日後の五月六日に、「保護蕃」の生存者二九八名は川中島に強制移住させられた。

（2）台湾総督府の警務局は、警務課、保安課、理蕃課、衛生課の四課から成り、それぞれ次の職務を担当した。**警務課**－警察職員の配置及服務、公安及風俗警察、戸口、犯罪即決、受刑者や留置人等の護送、司法警察、刑事鑑識など。**保安課**－思想運動や政治運動及社会運動の取締、新聞紙其の他出版物の取締、活動写真フィルムの検閲、外国人の取締など。**理蕃課**－高砂族（原住民族）、「蕃地」（原住民族の居住地域）に関する事項、「蕃地」内取締、「蕃地」衛生など。**衛生課**－伝染病や地方病対策、保健衛生、海港検疫、上下水道や市区港湾の衛生計画、阿片及代用品の取締など。

（3）『台湾出版警察報』は一九二九年八月の創刊だが、台湾大学図書館に現存する『台湾出版警察報』は、第六号（一九三〇年一月）から第三五号（一九三二年六月）までの二年半のみ。配布先を管理する意味で「第32号」とゴム印が押されている。台湾の社会運動の隆盛期、そして当局の弾圧によって下降していく時期の検閲の実態を明らかにしてくれる貴重な資料である。不二出版からの復刻版がある。

（4）警務局では、鷲巣敦哉を嘱託に迎えて、一九三二年一二月から一九四二年三月にかけて『台湾総督府警察沿革誌』五冊を編纂した。

『第一編　警察機関の構成』（一九三三年一二月）　一〇〇二頁
『第二編　領台以後の治安状況（上巻）』　部外秘（一九三八年三月）　八三五頁
『第二編　領台以後の治安状況（中巻）　台湾社会運動史』　部外秘（一九三九年七月）　一三八一頁
『第二編　領台以後の治安状況（下巻）　司法警察及犯罪即決の変遷史』　部外秘?（一九四二年三月）　九四六頁
『第三編　警務事蹟篇』（一九三四年一二月）　一二五六頁

この『台湾総督府警察沿革誌』は第二編の上巻と中巻が一九六九年に風林書房から復刻されていたが、一九八六年に緑蔭書房から全五冊が復刻されたことで全容を摑むことができるようになった。日本の台湾統治の実態を知る、極めて貴重な資料である。

（5）台湾での検閲の詳細については鈴木清一郎『台湾出版関係法令釈義』（杉田書店、一九三七年五月）、拙著『翻弄された台湾文学－検閲と抵抗の系譜』（研文出版、二〇〇九年六月）、復刻版『台湾出版警察報』の解題（不二出版）を参照されたい。

（6）台湾総督府としては製糖業を主幹産業としていたため、「台湾糖業奨励規則」「製糖場取締規則」「蔗苗取締規則」等で製糖会社に対してさまざまな保護や便宜を図ってきた。一例を挙げると、蔗苗費、肥料費、灌漑費、開墾費、製糖機器具費等に対する奨励金、官有地の無料貸付、優良蔗苗の育成並びに無償配布、製糖会社設立の許可制（つまり同一地域に複数の製糖会社の設立を認めない）などである。一方、蔗農（サトウキビ農家）は原料採取区域制に縛られて、甘蔗はその地域の製糖会社にしか売れず、甘蔗買収価格は製糖会社が一方的に決定する価格に従わざるを得なかった。蔗農にとっては極めて不利な原料採取区域制であった。

（7）林献堂らによる「台湾議会設置請願運動」は一九二一年一月三〇日の第四十四回帝国議会への請願書提出に始まり、第五十六議会での請願（一九二九年二月一六日）で一〇回目となった。上程されても「憲法違反」「台湾統治の大方針に反すること」「その必要なし」で不採択、または審議未了で終わった。その請願経緯、議会での若槻首相の答弁の抜粋が記されている。なお、「台湾議会設置請願運動」は一九三四年三月一五日の第一五回請願を最後にして中止となる。

昭和六年九月二十五日

秘

高等警察概況

警務局保安課

目次

(三) 文化協會分裂前後ノ状況
(四) 運動行詰リト之カ打開策動
(五) 島内左翼運動ノ進展ト文化協會解体問題ノ抬頭
(六) 綱領並ニ現有勢力

第五章 農民運動
第一節 概況
第二節 農民団体ノ運動
第一項 台湾農民組合
(一) 創立年月日
(二) 事務所
(三) 情勢大要
第二項 蘭陽農民協會
(一) 創立年月日
(二) 事務所
(三) 組合員数

第三章　台湾在留禁止処分（律令台湾保安規則）

団体

第一編　高等警察概要

第一章　民族運動

第一節　旧台湾民衆党

(一)台湾民衆党ノ結社禁止及其ノ理由

本島ニ於ケル民族運動ノ本源タル台湾民衆党ハ其存立本島ノ治安ニ害アルモノト認メ當局ハ昭和六年二月十八日同党ニ對シ結社禁止ヲ命セリ

禁止ノ理由左ノ如シ

台湾民衆党ハ先ニ其ノ結成ト同時ニ禁止ヲ命セラレタル台湾民党ノ後身ニシテ昭和二年七月十日創立セラレタルガ當時政治結社トシテ同党ノ存立ヲ認

ムルヤ否ヤニ就テハ慎重考慮ヲ拂ヒタル処ナルカ若シ之ヲ直チニ禁止センカ共産主義色彩ノ濃厚ナル新文化協會ト合流セントスル虞アルト一ハ穏健分子並ニ有力者モ之ニ加盟シ居リ是等ノ誘導ト且ツ綱領政策モ民党ニ比シ幾分緩和セラレタルヲ以テ暫ク之ヲ不問ニ附シ嚴重ナル監視ノ下ニ之ヲ善導スベク取締リ来タルモ其後時日ヲ経ルニ從ヒ党内ニハ常ニ左右両派ノ軋轢内紛絶エス漸次強烈ナル民族主義者蔣渭水ノ率ユル左派カ勢力ヲ把持スルニ至リ其ノ運動日ト共ニ矯激ニ趨ヒ徒ラニ反母國反官的態度ニ出テ内台融和ヲ阻害スル行動アリテ昨年二月顧問林獻堂、蔡式穀等ヨリ左派幹部ニ對シ警告スル所アリタルモ更ニ肯セス最近ニ於ケル行動ノ一二ヲ擧クレハ昨年一月阿片令ノ改正問題ニ關シ我政府ヲ誹謗セル電報ヲゼネヴア國際聯盟ニ打電シ國際阿片委員ノ來台スルヤ虛構ノ事實ヲ申告シタル疑アリ或ハ這般ノ霧社事件ニ關シテハ「國際條約ニ反スル毒瓦斯ヲ使用シテ弱少民族ヲ殺戮ス」等ノ過激ナル電報ヲ發シ或ハ中華民國國旗タル青天白日旗類似ノ黨旗ヲ作リ之ヲ一度ヒ禁止シタルモ又同近類似ノ黨旗ヲ作リ以テ中華民國追慕ノ念ヲ醫ヤシ得々タル等漸次露骨ナル我民族ニ反抗スル民族運動ヲ爲サントシ、又昨年六月始政記念日祝賀ニ當リ此ノ記念日ハ吾等戰敗弱少民族ノ記念日ナリトテ之ニ反對シ黨代表トシテ蔣渭水外三名總務長官ヲ訪問シ日本政府ハ領台以来何等祝賀スル程ノ施政ノ見ルヘキモノナシ故ニ祝意ハ無意義ナリトテ祝賀廢止方ヲ陳情シ長官ヨリ懇示スル所アリタルニ不拘毫モ反省スル所ナク中華民國ハ今ヤ着々トシテ整頓シ日本維新ノ時タリトテ之ヲ稱讃シ而シテ吾々ハ日本資本主義ノ下ニ隷属シ居ルハ果シテ幸カ不幸カ疑問ナリ杯甚ダ不遜矯激ノ暴言ヲ弄スル等、要スルニ是等ハ民族自決主義ノ片鱗ノ現ハレト見ルヘク尚其他斯種行動ハ枚擧ニ遑ナク茲ニ於テ愈々穩健派ハ別ニ有識階級ヲ糾合シ地方自治聯盟ナル結社ヲ民衆黨ト別箇ニ組織スルニ至リ顧問林献堂、蔡培火、蔡式穀ノ三名相次テ辞任シ残ル林幼春一名アルモ本名又今回ノ民衆党綱領政策ノ穏当ナラサルモノアリトテ暗ニ辞任ヲ漏シ居レリ

而シテ民衆党ハ従来制肘ヲ受ケタル右派ノ脱出ニ依リ今ヤ何等憚ルモノナク内地大衆党、労農党、並ニ南京総工会等ノ綱領政策ヲ取入レ遂ニ綱領政策ヲ改修シ農工階級ヲ中心トシテ階級闘争及民族闘争ニ其ノ重心ヲ置クニ至レリ、尤モ中央執行委員会ニ於テ「党ノ本質ハ農工階級ヲ中心トスル民族運動ナリ」トノ本部常務委員会決議案ハ一部ノ者ノ注意ニ依リ、本意ハ是ニ

アリトスルモ文章トシテ発表スルニ於テハ或ハ前ノ民党ノ轍ヲ踏ミ禁止ノ厄ニ遭遇スルヤモ難計形式上発表セサルコトトシテハ如何トノ議アリテ形式上ハ発表ヲ中止セリト雖モ今回改修シタル綱領政策ヲ仔細ニ検討スルトキ本党ノ指導精神ハ民族、運動ヲ緯トシ階級闘争ヲ経トセルモノト謂フヲ得ヘシ其政策中ニ於テ明カニ現總督統治ニ反對シ殖民地民衆ヲ圧迫スル悪法即時撤廃或ハ台湾人本位ノ職業紹介所、台湾人本位ノ無料宿泊所、診断所、治療所ノ施設云々ト列挙シ假令前記ノ民族運動ノ文字ヲ抹殺スルト雖モ是等ノ点ヨリ見テ民族運動ノ表現ナリト断定シ得ヘク又綱領ニ於テモ殊更ニ被圧迫民衆ノ政治的自由ヲ争取云々ヲ掲ケ殖民地独立ヲ暗ニ強調ス、彼等ノ被圧迫民衆ナル熟語ハ即チ大衆党、労農党ノ用ヰル民衆トハ稍々主観的観念ヲ異ニシ殖民地大衆ヲ意味スルモノニシテ之ヲ軽々視スルコトヲ得ス

如斯階級闘争ヲ加味シタル民族運動ヲ目的トセル結社ヲ容認センカ、我台湾統治ノ根本方針ニ背反シ内台融和ヲ妨ケ延テ本島治安ノ維持ニ重大ナル影響ヲ及ホスヤ明ナリ

以上ノ理由ヲ以テ最早嚴正ナル法規ノ發動処分ニ出テサル可ラス 茲ニ結社台湾民衆党ヲ禁止スル

所以ナリ。

(二)同党創立ヨリ禁止ニ至ルマテノ概況

台湾民衆党ハ本島ニ於ケル社會運動ノ黎明期ニ於テ盛ニ啓蒙運動ニ努メタル台湾文化協會内ノ右翼民族自決主義系幹部カ協會ノ左翼階級闘爭ニ走ルヲ慊ラストナシ昭和二年七月同會ヲ脱退シ多少ノ経緯ヲ経テ別ニ結社台湾民衆党ヲ結成セルモノナリ。

爾来政治運動ヲ中心トシテ島民ヲ啓發シ其民族意識ノ昂揚ニ努メ一方一切ノ總督政治ヲ非難攻撃シテ反官的氣分ヲ煽ル等注意ヲ要スヘキ行動勘カサリシカ全民運動ヲ標榜スル同党ハ大衆獲得

ノ必要ヨリ其ノ指導精神ニ階級運動ヲ加味シ農工ヲ扶助スルコトニ依リ全民運動ノ中心勢力増大ヲ企図シタルモ同党ノ中堅分子タル有産階級之ヲ喜ハス実際運動ニ當リ屢々意見ノ衝突ヲ来シ遂ニ左右両派ノ分野ヲ生スルニ至リ斯クテ左派蔣渭水一派ノ専横ヲ快シトセサル蔡培火一派ハ同党ヲ脱退シ昭和五年八月台湾ノ自治制改革ヲ目的トスル「台湾地方自治聯盟」ヲ組織セリ然ルニ一部右翼分子ノ脱退後ノ台湾民衆党ハ党ノ結束及拡大ヲ期センカタメ昭和六年二月十八日台北市ニ於テ無産階級解放ヲ主眼トスル改正綱領ヲ可決セルノ外總督政治反對、帝國主義侵略政策反對等本島統治ニ對シ露骨ナル反對的態度ヲ表現セル各種政策ヲ決議セルヲ以テ遂ニ前述ノ如ク結社禁止ヲ命セラルヽニ至レリ。

(三)同党禁止ニ對スル民情

台湾民衆党ノ行動ハ内台融和ヲ阻害シ善良ナル本島人ノ正當ナル伸展ヲ毒スルタメ大多數ノ島民ハ其存立ハ迷惑至極トシ敬遠ノ態度ヲトリ居タルモノナリシカ、這回ノ禁止ハ傲慢無遜増長ノ限リニ在リシ責名的同党幹部ニ只将ニ青天ニ霹靂ノ感アリ、寔ニ機宜ニ適シタル最善ノ処置ニシテ心アル島民擧ケテ等シク當局ノ措置ヲ推稱シタル宜ナリトヱフベシ。

(四)同党禁止後ニ於ケル策動

禁止ノ厄ニ遭ヒタル同党幹部ハ狼狽ノ餘リ或ハ聲明書ヲ發シ或ハ二三ノ代議士（田川、清瀬、浅原）ニ打電シ同氏等ヲ通シテ禁止ノ不法ヲ議會ニ訴ル等ノ行為アリタルカ要スルニ斯ハ彼等ノ泣言ニ他ナラス

而シテ同党ノ善後策ニ就キテハ旧党再建説、内地無産党合流説、本島無産党創立説及民族運動説等ヲ主張スル者等衆説區々ニシテ議マトマラス一方幹部ニシテ之ヲ機會ニ斯ル賣名的職業的社会運動ヲ断念シテ正業ニ就ク者二三ニ止ラス結局旧党員等ハ一切ノ行動ヲ挙ケ

テ党首蒋渭水ノ指令ニ従ハントスル氣運ニ在リタリ。

(五) 旧党首蒋渭水ノ死

禁止後ニ於ケル旧党員ハ前述ノ如ク進退ノ岐路ニ迷ヒ只管党首蒋渭水ノ指令ニ待チツツアリ、従ツテ蒋カ今ヤ採ラントスル行動ハ何レニシロ本島民族運動ノ一画期ナリト思料セラレ大衆注視ノ裡ニ在リシカ時偶ミ病ニ罹リ暁将蒋渭水八月五日台北医院ニテ死セリ。

彼ノ死ハ本島社會運動者間ニ甚大ナル衝動ヲ與ヘ斯界ニ一大センセイーションヲ惹起セシメタリ。

左派ハ彼ヲ評スルニ資本家ノ走狗ニシテ大衆ヲ

欺瞞シ社會運動戦線ヲ攪乱シタル裏切者ナリトシ右派ハ彼ノ抱持セル主張ハ内台融和ヲ阻害シ社會ノ健全ナル発達ヲ蠹毒シタルモノナリト稱シ、又彼ノ屬スル民族主義者ニ於テハ彼ヲ以テ恰モ孫文ニモ比スヘキ偉人ナリト欽慕痛惜スル等毀誉褒貶罵囂々タリ

彼蔣渭水ハ大正九年文化協會ヲ創設シテヨリ病ニ斃レル迄本島民族運動ノ立役者トシテ異彩ヲ放チ總督政治ノ凡テニ反対スル「反逆児」トシテ一生ヲ貫キタリ。彼ハ文協ヲ創設シテ文協ニ逐ハレ民党ヲ創設シテ民党ニ躓キ、更ニ最後ノ活舞台タラシメンコトシタル台湾民衆党モ彼ノ執拗ナル

民族自決主義カ禍シタ多クノ有力ナル同志ニ見離サレ綱領改革ヲ急キ遂ニ同党モ禁止サルヽニ至レルナリ。

要スルニ彼ハ本島稀レニ見ル傑出セル社會運動ノ闘士ニシテ頑強ナル民族主義者タリ。然レトモ晩年彼ハ民族運動カソノ本質ニ於テ観念的範疇ニアリテ實体的工作ニ効果無力ニシテ斯運動ノ至難ナルヲ覚ルヤ階級闘争ヲ基調トシ之ニ加味スルニ民族意識ヲ利用スル独自ノ運動ニ入ラントスル傾向ニアリシハ察スルニ難カラス。サレト右派ヨリハ異端視セラレ左派ヨリハ日和見主義ト排撃セラレ僅カニ已レノ支配スル労働団体工友總聯盟ノ孤塁ヲ護リテ行詰レル自己ノ進退ヲ今後如何ニ打開スヘキカ實ニ焦慮ノ裡ニアリタルモノナリ。

(六)蒋渭水死後ニ於ケル旧党員ノ策動

蒋渭水ノ葬儀ハ台北市ニ於テ旧同志主催ノ下ニ左派ヨリハ猛烈ナル反對宣傳アリタルモ兎ニ角大衆葬ナル名儀ヲ以テ盛大ニ挙行セラレタリ。當時参列ノタメ全島各地ヨリ参集セル旧党員等相會シコレヲ機會ニ旧党再建ノ議再燃セルモ、サラテダニ衰運ニアリシ同党カ今又中心人物ヲ失ヒ加フルニ貧金難等ノタメ何等ナストコロヲ知ラス只僅カニ一部職業社會運動家カ労働団体工友總聯盟ノ改組ニヨリ陣容ヲ立直サントシツツアルノミ。

現状斯カク無力ノ態様ニアルモ尚斯運動ノ性質上今後ノ成行厳重査察中ナリ。

第二節　台湾地方自治聯盟

(一)創立ノ経緯

本聯盟ハ本島民族運動ノ本源ニシテ唯一ノ政治結社タリシ台湾民衆党（昭和六年二月十八日結社禁止）ヨリ脱退セル比較的有産有識穏健分子ニヨリ昭和五年八月十七日組織結成セラレタルモノナリ。

即チ台湾民衆党ハ組織以来幾許モナクシテ党内ニ急進、漸進両派ノ分野ヲ生シ事毎ニ内訌ヲ醸成シ急進派ニアリテハ従来ノ微温的民族運動ヲ以テ飽キ足ラストナシ党ノ本質ハ農工階級ヲ中心トナス民族運動トシ階級闘争、民族闘争ニ重点ヲ置キ大衆ヲ獲得セントシ一方漸進派ニ在リテハ漸次的政治革新運動ヲ以テ主義トナシ急進派ノ階級闘争ヲ喜ハス而モ党ノ実権ハ急進派ノ握ルトコロトナリテ専横ヲ極メ加フルニ島民ノ信望漸ク失墜シ党ノ政策行詰リ打開ヲ痛感セラルヽニ至レルヲ以テ此ノ機ニ於テ漸進派ノ領袖楊肇嘉、蔡培火、林献堂、蔡式穀等ハ民衆党政策中ノ一項タル地方自治促進ヲ単一目標トスル政治結社ヲ民衆党ト別箇ニ組織スルコトヲ計画シ楊肇嘉先ツ在京政界ノ名士学者等ノ意見ヲ叩キ相当ノ確信ヲ得テ創立ノ具体化ニ邁進セシカ急進派蒋渭水一派ヨリ猛烈ナル反対攻撃ヲ受ケコノ計画ハ一時頓挫ノ已ムナキニ至リタルモ楊肇嘉属セス素志貫徹ノタメ蔡培火其他島内同志ト策動ヲ廻ラシ趣旨ノ宣傳ニ努メ三百七十余名ノ加盟者ヲ得昭和五年七月二十八日結社予届ヲ提出シ八月十七日台中市（本部所在地）ニ於テ発會式ヲ挙行スルニ至レルモノナリ。

(二)

綱領

目的　台湾地方自治ノ確立

施為事項

1、社會ノ進運ヲ認識シ台湾ノ現實ニ立脚ス

2、全民ヲ以テ背景トナシ民本主義ノ精神ヲ確実ス

3、合法手段ヲ採用シ單一目標ヲ尊守ス

4、現行地方自治制度ヲ改革シ政治ノ自由ヲ獲得ス

5、民衆ノ政治能力ヲ訓練シ民衆組織化ヲ実現ス
6、分裂主義ノ徒ヲ排撃シ同胞操戈ノ禍ヲ避免
ス

(三)結社組織後ニ於ケル運動

(一)市街庄協議員改選ニ對スル策動

昭和五年十一月全島市街庄協議員改選ニ際シ
官選御用議員島民ノ意思ヲ徹底シ得ルヤ
我党ノ主張スル自治制ヲ施行シ民選議員ヲ選
出セザルヘカラストナシ之カ聲明書ヲ島内日刊
週刊紙ニ投稿セリ

(二)地方自治改革請願

幹事楊肇嘉ハ台湾地方自治改革案(内容ハ

治ト内地自治制ニ等シキヲ提ゲテ上京シ中央ニ於ケル政治家ヲ歴訪シテ同情援助ヲ求メ本年二月十二日第五十九議ニ楊肇嘉外十二名ノ署名ヲ以テ联盟ヲ代表シ自治促進ヲ請願セリ。本請願ハ貴族院ニ於テハ不採擇衆議院ニ在リテハ審議未了ニ終レリ

(四)聯盟第一回全島大會

本联盟ノ反對派台湾民衆党本年二月十八日結社禁止セラルヽヤ聯盟ハ之ニ勢ヲ得テ趣旨ノ宣傳党員ノ獲得ニ努メツヽアリシガ更ニ幹事楊肇嘉五月歸台スルト共ニ各支部所在地ニ支部大會ヲ開キ講演會ヲ催シ政治思想ノ普及自治制ノ訓練

ニ努力シ居レリ。
而シテ八月十七日ニハ本部台中市ニ於テ聯盟全島大會ヲ開催、全民衆ニ呼ヒカケ来リシ過去一ヶ年ノ清算ヲナスト共ニ今後自治権獲得ニツイテノ運動方法ヲ議セリ。
大會出席者代表員百〇七名楊肇嘉議長ニ就任宣言書竝ニ各種議案ヲ審了セリ
右提案ノ内特ニ注目スヘキハ左ノ二議案ナリ。
一、政府當局ニ於テ本聯盟ノ改革案ニ適合セサル改革内容ヲ公ニシタル場合ハ如何ナル態度ヲトルヘキカ。
一、本聯盟ハ官命議員ヲ受クルコトヲ得ス。

前者ハソノ審議ニ當リ
一、聯盟員ハ一切ノ公職ヲ受任スヘカラス
一、專賣品ノ不賣同盟ヲ持スコト
一、法律ニ依ラサル一切ノ公共負担ヲ拒絶スルコト
等ノ對策諭出テタルヲ以テ臨監官ハ審議ノ中止ヲ命シ後者ニ對シテハ議案ソノモノヲ不穏當ト認メ其提案ヲ禁止セリ
斯ノ如ク斯大會ニ表ハレタル氣運ハ最早聯盟本来ノ目的タル自治促進ノ單一目標ヲ以テシテハ慊ラス殊ニ聯盟青年者間ニ於テハ民族革命運動ニ走ラントスル傾向顯著ナルヲ認ムルコトヲ得
尚本大會ニ先チ斯大會ニ派遣スヘキ代表者ノ選

出事項ニ関シテハ普選法ニ則リ聯盟員全部ニ選挙権被選挙権ヲ附與シ單記無記名投票ニテ二十五名ニ付一名ノ代表者ヲ選出スルコトニ定メ以テ選挙法ノ訓練ニ資セリ。

（五）本聯盟今後ノ趨勢

現状ヲ観ルニ創立後支部ノ設置セラレタルモノ十三ヶ所党員一千六百餘名ヲ算フルニ至リ尚党員徐々ニ進展ノ機運ニハアレトモ本聯盟ハ創立當初期待セラレタル程ニハ民衆ニ迎ヘラレス元老林献堂霧峯ニ滞リテ街頭ニ出テス領袖蔡培火亦昔日ノ人氣ナク台南市ニ籠居ス。獨リ巨頭楊肇嘉南船北馬全島ヲ馳驅シテ血ミドロノ活躍ヲ續

ク而モ尚笛吹ケトモ民衆踊ラサルノ観アリ
蔡式穀台北ノ牙城ヲ護リテ拡充ニ努力シ居ル
モ内訌ニカヲ殺カレ運動意ノ如クナラサルモノアリ
由来本島ニ於ケル斯種運動カ或ハ挫折シ或ハ
遅々トシテ発展セサルハ幹部級ノモノ利己主義ニシテ
相互ニ他ヲ排撃シ統制アル行動ヲ採ラス民衆又
著シク個人主義ニシテ自己ノ生活ニノミ汲ニシテ社
会ニ関心ヲ持タサル本島人ノ特性ニ基因スルコト多
シ

本聯盟亦コノ類ニ洩レス幹部間ニ軋轢アリ或ハ
運動ニ倦怠ヲ覚ヘシ者アリ、熱意以テ党勢ノ
擴大ニ努ムル者二三ニ過キス其他ノ党員ニ在リテハ

何レモ拱手傍観ノ態ヲ持シ運動成ラハ聯盟負ナリト稱シテ功ヲ誇リ失敗ニ終ラハ速カニ脱退シテ責任ヲ免レントスル鵺的態度ヲトルモノ多シ

本聯盟ハ創立日尚浅ク今遽ニ將来ヲ語ルヲ許ササルモ、現状已ニ前述ノ如ク加フルニ聯盟ノ綱領地方自治ノ確立ナル單一目標ヲ以テシテハ未ダ民度低クシテ政治的自覚ニ乏シキ大衆ノ獲得難キヲ察知セル一部幹部ハ更ニ之ニ社会政策的綱領ヲ加ヘント計画シツヽアリ

而モ林獻堂等有産幹部之ヲ喜ハス現状ヲ以テ進マンカ進展容易ナラス面目ヲ一新センカ内部

抗争ノ憂アリ。本聯盟ノ前途ハ多難ニシテ党勢拡充遅々タルモノアリ 然レトモ聯盟員ハ比較的有識有産階級ニ属シ党員ハ少数ニシテ所謂大衆ニハアラサレトモ尚本島大衆ヲ左右シ得ル底力ヲ有スル点ニ於テソノ成行重要視スルヲ要ス。

ハニ

第三節　台湾議會設置請願運動

一、本運動從来ノ経過

本運動ハ大正十年以来民族運動團体タル旧文化協會一派ニ依リテ毎議会継續シ来レルカ昭和二年同會分裂後ハ台湾民衆党ノ主要運動ノ一トシテ継承サレ爾来第五十八議会ニ至ルマテ十一回ノ請願ヲ續ケタルモ常ニ不採擇又ハ審議未了トナリ不成功ニ終リタリ。

昨年八月民衆党ノ分裂後本運動ノ主体ハ自治联盟系幹部ニ移リ顧問林献堂、蔡培火幹事楊肇嘉等主唱シテ何レノ党派ヲ問ハス廣ク賛成者ヲ募リ一千百四十二名ノ署名者ヲ得テ前記蔡培火、楊肇嘉ノ両名上京、中央要路者ヲ歴訪シテ諒解ヲ得ルニ努メ第五十九議會ニ請願セリ。

本請願モ従来ノ例ニ洩レス貴族院ニ於テハ不採擇、衆議院ニアリテハ審議未了ニ終レリ（別表参照）

(二) 本運動ノ歸趨

本請願運動ヲ通観スルニ欧州大戰後ニ於ケル澎湃タル各種自由思想ハ又本島民ヲ駆ッテ強力ナル民族意識ニ目覚メシメ殆ンド狂奔的ニ熱狂セシメタルカ本運動ハコノ最高潮時ニアリシ時代思潮ノ一大表現運動トシテ発生シタルモノナリ

サレバ本運動ハ正ニ島民ノ信仰的禮賛ニ投シ幹部ハ恰カモ志士ノ如ク欽慕セラレツヽ請願代表委員ノ上京ニ際シテハ憂国ノ士ヲ送ルカ如ク行ヲ盛ニスル等寔ニ狂熱的人気ヲ博シタルモノナリ。

斯ノ如ク嘗テハ島民ノ殆ト信仰的禮賛ヲ得タル本運動モ常ニ審議未了或ハ不採擇ニ終リ一方在京左傾學生及島内左派団体ノ反對宣傳アリ他方主唱タリシ民衆党ノ分裂アリ加之多年ニ亘ル失敗ニヨリ一般島民ノ本運動ニ對スル人気頓ニ薄ラキ又同志中ニモ目的達成ノ見込ナシトシテ倦怠ノ色漸ク濃厚ナルモノアリ現時ノ主唱者タル自治聯盟幹部モ只従来ノ行キ懸リ上

情性的ニ已ムナク之ヲ継續スルニ過キサルヤノ観アリ。

本年度亦請願ノ企図アルモ前述ノ如ク已ニ本運動ハ衰退ニアリ加フルニ毎回ノ上京委員ニシテ熱心ナル主唱者タル蔡培火モ此度ハ出京辞退ヲ洩ラシ居ル程ニ在リ。

本運動ハ従来ノ情性的存在ニシテ最早重要関心事タル價値ヲ失フニ至レリ。

臺湾議會設置請願経過表

請願回数	請願書提出年月日	議會	請願紹介議員	請願連署人数	委員会上程月日	要
第一回	大正十年一月三十日	第四十四議会	貴族院 江原素六 衆議院 田川大吉郎	林献堂以下百七十八名	貴族院 二月十八日 衆議院 三月二十一日	貴族院 田総督説明 「貴、衆共不採擇」
第二回	仝十一年二月十六日	第四十五議会	貴族院 江原素六 衆議院 田川大吉郎 清瀬一郎	林献堂以下五百十二名	貴族院 三月十三日 衆議院 三月二十七日	貴族院 加来総務長官説明 衆議院 田川紹介議員説明 「貴、衆共不採擇」
第三回	仝十二年二月二十二日	第四十六議会	貴族院 山脇玄 衆議院 田川大吉郎 清瀬一郎	蔡恵如以下二百七十八名	貴族院 三月十二日 衆議院 三月十二日 三月十九日	貴族院 馬場法制局長説明 衆議院 田川紹介議員説明 「貴、衆共不採擇」
第四回	仝十三年一月三十日	第四十八議会	貴族院 山脇玄 衆議院 田川大吉郎 清瀬一郎	林呈禄以下七十一名	―	大正十三年一月三十一日 衆議院解散 貴族院停會

第五回	大正十三年七月五日	第四十九議会「臨時議会」	貴族院 山脇玄 衆議院 清瀬一郎 神田正雄	蔡培火 以下 三百三十三名	貴族院 衆議院 七月十四日 七月十七日	貴族院上程ノ運ニ至ラズ 衆議院 清瀬、神田両紹介議員説明
第六回	仝十四年二月十七日	第五十議会	貴族院 山脇玄 渡辺暢 衆議院 清瀬一郎 神田正雄	林献堂 以下 七百八十二名	貴族院 衆議院 二月九日 〃十六日 〃十八日 〃二十日 〃二十三日	貴族院上程ノ運ニ至ラズ 衆議院 清瀬、神田両紹介議員説明 「審議未了」
第七回	仝十五年二月九日	第五十一議会	貴族院 渡辺暢 衆議院 清瀬一郎 神田正雄 中野寅吉	林献堂 以下 千九百九十名	貴族院 衆議院 三月一日 〃十日 〃十七日 〃十九日	貴族院上程ノ運ニ至ラズ 衆議院 清瀬、神田両紹介議員説明 黒金拓殖局長説明 「不採択」
第八回	(貴族院)昭和二年一月二十日 (衆議院)仝年一月十九日	第五十二議会	貴族院 渡辺暢 衆議院 清瀬一郎 神田正雄	林献堂 以下 二千四百七十名	貴族院 衆議院 一月三十一日 二月二十一日 〃二十八日 三月七日 〃十四日 〃十八日 〃二十三日	貴族院上程ノ運ニ至ラズ 衆議院 清瀬、神田両紹介議員説明 「審議未了」

第九回	第十回	第十一回	第十二回
昭和三年四月二十五日	仝四年二月十六日	（貴族院）昭和五年五月三日 （衆議院）仝年四月二十八日	（貴族院）昭和六年二月十三日 （衆議院）仝年仝月仝日
第五十五議会「當時議会」	第五十六議会	第五十八議会	第五十九議会
貴族院 渡辺暢 衆議院 清瀬一郎 神田正雄	貴族院 渡辺暢 衆議院 神田正雄 土井権六	貴族院 渡辺暢 衆議院 田川大吉郎 清瀬一郎	貴族院 渡辺暢 衆議院 田川大吉郎 清瀬一郎
林幼春以下 衆議院提出二千五十名 貴族院提出九百二十九名	林献堂 以下 千九百三十二名	林献堂 以下 千三百十四名	蔡培火 以下 一千百四十二名
貴族院 上程セズ 衆議院 五月四日 五月六日	貴族院 三月二十二日 衆議院 三月四日 三月十一日 三月二十日	貴族院 上程セズ 衆議院 四月二十八日 五月六日 五月十二日	貴族院 二月十八日 衆議院 二月十八日 二月二十五日 三月四日
衆議院 神田議員説明 「審議未了」	貴族院 三月二十二日 衆議院 神田紹介議員説明 「審議未了」	衆議院 五月十二日武富参与官説明 「不採擇」	貴族院 三月十三日不採擇 衆議院 「審議未了」

第二章 共産主義運動

(一)日本共産党台湾民族支部結成経緯

輓近中国及日本内地ニ於ケル共産主義運動ノ著シキ発展ハ漸次隣接セル本島ニモ侵入シ来リテ遂ニ派ヲ形成シ従来殆ンド民族運動ノ独占舞台ナルカ如キ感アリシ本島思想運動界ニ新タナル一勢力ヲ加ヘ現在ニテハ寧ロ前者ヲ凌駕セントスルガ如キ情勢ニアリト云フヲ得ベシ、

本島人間ニ於ケル共産主義的主張ハ大正十二、三年頃支那留学生等間ニ唱導サレタルヲ嚆矢トシ以テ大正十五年台湾農民組合ノ結成当時ヨリ昭和二年一月文化協会分裂当時ニハ既ニ島内ニ於テモ其ノ鋒鋩ヲ表ハシ来リ然共之等左翼分子間ニ共産党組織運動ガ具体化シタルハ其ノ後東京及上海方面ニ於ケル本島人留學生ガ先駆ヲ為シタルモノニシテ當初ハ少数ノインテリ分子ノ集団ナリキ。即チ昭和二年十一月モスコーヨリ上海ニ帰来セル要注意留學生林木順ハ昭和三年一月頃ヨリ日本共産党幹部渡辺政之輔、佐野學及中国共産党幹部等ノ指導援助ノ下ニ上海及東京ニ於ケル左傾本島人學生並ニ島内在住左傾分子ヲ糾合シテ台湾共産党ノ組織ヲ計画シ遂ニ今年四月十五日上海佛租界ニ於テ在滬本島人同志及東京ヨリ出席セル陳来旺、台湾代

その

表林日高並ニ中国共産党代表者参集ノ上結党式ヲ挙ケ之ヲ日本共産党台湾民族支部ト呼称スルコト、ナレリ。

然ルニ其ノ関係者等ハ豫テ林木順、翁沢生等主唱ノ下ニ社會科學研究ノ機関トシテ読書會ヲ組織シ居タルガ同グループノ行動ハ治安維持法違反ノ事実アリトシ昭和三年三月ヨリ四月二十五日ニ渉リ同志ノ一部ガ上海日本總領事館ニ検挙セラレ取調ベノ結果事実明瞭トナリ被検挙者ハ島内ニ送還処刑サレタルヲ以テ全支部ノ運動モ一時中絶シタルガ党ハ検挙ヲ免レテ逃走セル残存幹部ニ於テ維持セラレツヽアリシモノナリ。

(二) 結党式後ニ於ケル東京及台湾ノ運動状況

(イ) 東京ニ於ケル状況

右結党式ニ参加セル陳来旺ハ直ニ東京ニ引返シ在京本島人学生等ガ社会科学研究ノ機関トシテ組織シ居タル台湾学術研究会内ノ同志ト計リテ同年十月前記台湾民族支部ノ東京特別支部ヲ結成シ精鋭分子ノ養成、党員獲得ノ為メ台湾学術研究会ヲシテ七ケノ地域班ト十ケノ学校班ニ分チ社会科学ノ研究ヲ為シツツアリシ外日本共産党中央部ノ指令ニ依リ島内各種左翼団体ヲ指導激化シ居タルモノナリ。

然ルニ昭和四年四月十六日更正日本共産党検挙ニ際シ党幹部員タル間庭末吉ヲ検挙シタルニ全人所持ノ党員名簿ニ台湾人ノ党員十名ト計上シ更ニ「林兌、林添進、陳来旺」三名ノ氏名登録シアリタリ。依ツテ台湾学術研究会ノ主要会員四十三名ヲ検挙シ厳重捜査シタルニ前記ノ通リ日本共産党台湾民族支部東京特別支部ノ結成サレ居タルコト判明シタルノミナラズ右三名ノ入党事実モ亦明瞭トナリタルヲ以テ警視庁ニ検挙サレ目下公判継続中ノモノナリ。

(四)台湾ニ於ケル運動情勢ト党ノ検挙顛末

結党式ニ台湾代表トシテ出席セル林日高ハ帰

台後党員荘春火、謝雪紅等ト共ニ台北市太平町國際書局（謝雪紅経営）ヲビューロートシテ台北、台中、高雄ノ各地方ニ夫々地方委員ヲ派シ文化協会、農民組合及左翼工會ヲ党ノ影響下ニ置カムト企図シ随時指令ヲ発シ党ノ政治政策遂行ニ努メ居タル小青年學生分子間ニ喰ヒ入リ党ノ拡大強化ヲ謀リ来レリ、然共島内ニ於ケル中央負責者等ハ島内ノ客観情勢ニ藉口シテ機會主義的ナル態度ヲ持シ来リシ為メ急進少壮分子間ニハ之ニ慊タラズ思ヒ居タル者尠カラサリシニ偶々昭和五年末國際共産党東方局ヨリ島内中央部ノ改革ヲ慫慂シ且ツ運動方針

ヲ指示シ来レリ、
於茲急進少壮分子等ハ本年一月下旬「改革同盟」ヲ組織シテ一部中央部員ヲ排除シテ陣容ヲ固メ党ノ主動隊タルヘキ赤色總工会組織ヲ中心トシテ党ノ擴大強化方策ヲ樹立シ各種問題ニ對シ著シク積極的戰略戰術ヲ以テ策動スルニ到レリ、即チ最近ニ於ケル彼等一派ノ主義宣傳方策ト認メラルヽ表面的行動ヲ観察スルニ

イ、社會民主々義排撃ノ闘争トシテ文協、農組合同主催ノ反動団体打倒巡回講演會ノ開催アリ、

ロ、大衆的日常闘争

(1)、台南州曾文郡下ノ嘉南大圳水租不納同盟運動

(ロ)全郡下ヲ中心トスル戸税現物納入抗租運動

(ハ)台北市所在オフセット印刷工場労働争議ノ激化

3、宣傳教育運動

(イ)昭和五年七月ロシア革命紀念日ニ於ケル檄文

郡下々營公學校兒童盟休問題

(ロ)昭和六年一月國際無産青年デー、同三月山宣紀念日國際無産婦人デー等ニ於ケル座談會、

(ハ)新台湾大衆時報及台湾戰線ノ發刊

4、組織擴大運動

(イ)學生大衆ノ獲得運動

(ロ)反帝同盟ノ組織提唱

(ハ)借家人同盟ノ組織

23、

ニ)文化協會解消論及赤色工會結成論ノ高潮
而シテ之等運動ヲ指導シツヽアルモノハ前記急進少壮分子及其ノ影響下ニアル左傾分子ニシテ從来ノ運動ガ主トシテ島外青年學生等ノ指導下ニアリシ点ト大イニ趣ヲ異ニスル所ニシテ特ニ注意スヘキ情勢ニ轉シタルモノナリ
時偶々本年三月下旬所在踏晦中ノ主要黨員趙港、陳德興ヲ發見シ黨関係重要文書ヲ押收セルガ右文書ニ依レバ「最近黨中央部ノ振ハザルニ反シ島内工農分子間ニ有力ナル精鋭分子續出シ之等分子ハ黨中央部ノ指導ニ満足セズ黨ヲシテ眞ニ大衆的、戰闘的ナル前衛隊ニ改革シ其ノノ指導下ニ革命的工農運動ヲ発展セシムベク目下党ノ根底タルヘキ赤色工会ノ結成及農民組合ノ拡大強化ニ邁進スベク策動中ノモノナリシナリ」次テ六月二十六日所在不明中ノ党員張朝基ヲ発見逮捕シ其ノ家宅ヲ捜査シタルニ台湾共産党臨時大會関係文書ヲ押収シ得タルヲ以テ直ニ徹底的捜査ヲ実施シタルニ王万得、蘇新、蕭来福等急進少壮分子ガ國際ヨリ派遣サレタル党員潘欽信指導下ニ五月三十一日ヨリ六月二日迄三日間台北州淡水郡観音山々麓ノ一農家ニ於テ「第二回臨時党員大會」ヲ開催シ党中央部ノ改造ヲ敢行シ党ノ政治テーゼヲ修改スル等重要決、議ヲ為シタルコト発覚シ即時新聞記事登載ヲ禁止シ引續キ嚴重捜査中ニシテ現在被検挙中ノ党員四十名ニ達シ居レリ。

(三)上海ニ於ケル運動状況

上海ハ従来ノ行動ニ徴スルニ本島左翼運動ノ策源地トシテ最モ注意スヘキ関係ニアリタル外台地ニ潜入中ノ左翼分子等ハ中國共産党援助ノ下ニ台地ノ青年及留学生ヲ糾合シテ主義ノ宣傳煽動ヲ為シ或ハ上海反帝大同盟（中國共産党系）ニ加盟シ各種反帝工作ニ従事スル等注意ヲ要スヘキ情勢ニアリタルカ特ニ最近彼等ハ台湾ヲ日本帝國ノ統治ヨリ独立セシムル目的

ヲ以テ上海台湾反帝同盟ヲ組織シ不穏文書ヲ發刊シテ反帝思想ヲ煽フル外在上海革命団体ノ援助協力ヲ得テ六。一七紀念日又ハ霧社事件等ノ如キ各種機會ヲ捉ヘ大々的ニ宣傳、煽動シ或ハ威迫的ナル示威運動ヲ試ムル等相當注意警戒スヘキ状態ニアルモノナリ。

第三章 學生運動

本島ニ於ケル思想運動ノ濫觴ハ東京及支那ニ於ケル本島人留學生等ニ依ル運動ナリ即チ歐州大戰後勃興シ來レル自由平等、民族自決ノ思想ハ本島人ノ潜在意識ヲ喚起シ這種研究熱一般ニ旺盛トナリシガ殊ニ進歩的ナル島外留學生等ハ専ラ此ノ研究ニ沒頭シ民族的偏見ヲ持チテ本島統治ヲ非難シ或ハ民族解放ヲ高唱スル者等日ヲ追フテ多數ニ上リ特ニ在東京留學生等ハ大正九年七月「東京台灣青年會」ヲ組織シ機関紙ヲ通シテ旺カニ民族自決思想ヲ宣傳シ或ハ休暇ヲ利用シテ講演隊ヲ組織シ全島的巡回講演ヲ行フ等専ラ島民ノ啓蒙運動ニ従事シ来リシが後急進分子等ハ台湾青年會内ニ社會科學研究部ヲ後ニ學術研究会トシテ独立ス）ヲ組織シ内地左翼分子ノ指導ヲ受ケ社會科學ノ研究ニ専念シ居タリシが其後之等ノ煽動ニテ実践運動ニ参加シ不穏ナル行動ヲ為ス者アルニ到レリ、

一方上海厦門、漳州方面ニ於ケル学生モ亦學生會若クハ同郷会ヲ組織シ仝地在住団体ト連絡提携シテ日本帝國主義ノ打倒及台湾ノ独立ヲ策謀スル等其ノ動静注意ヲ要スルモノアリシが遂ニ大正十五年五月南京ニ於テ台湾革命ヲ目的トスル中台同志會ヲ組織シ同年十二月ニハ廣東ニ於テ革命青年団ヲ組織シ更ニ昭和三年四月上海ニ於テ日本共産党台湾民族支部ヲ組織シ越ヘテ仝年十月東京戸山ケ原ニ於テ仝支部東京特別支部ヲ組織スルニ到レリ

然共右中台同志會、革命青年団ハ何レモ結成直後検挙サレ日本共産党台湾民族支部モ亦関係者ノ一部ガ上海讀書會事件ニテ検挙サレ次テ四一大事件ニ関聯シテ仝支部東京特別支部員ガ検挙サルヽ等殆ンド見ルベキ活動ナクシテ主要幹部四散セルモ今尚上海台湾青年団、廈門閩南學生聯合會等ハ中国共産党及其ノ指導下ニアル各種革命団体ノ援助ヲ得テ島内左翼団体ト連絡シ常ニ不穏工作ヲ企図シツヽアリ。

如斯留學生ノ行動ハ相當注意警戒ヲ要スヘキ状勢ニアルモ之カ視察取締ハ頗ル至難ナルモノアリテ現在判明セル主ナル要注意學生団体ノ状況次ノ如シ

(一)台湾學術研究會(東京)

民族主義者林献堂、蔡培火等ハ大正八年末啓発會(大正九年三月新民會ト改名)ヲ組織シ台湾人ノ福利、台湾統治ノ改革ヲ高唱シ機関紙「台湾青年」ヲ発行シテ大イニ民族意識ノ高潮ニ努メ来リシカ大正九年七月留學生ノミヲ以テ「東京台湾青年會」ヲ組織シ機関紙ヲ通シテ旺カニ民族自決思想ヲ宣傳シ或ハ講演隊ヲ編成シテ島内ヲ巡回シ過激ナル言動ヲ弄シ又ハ六三法撤廃（大正九年十二月）ヲ主張シ第四十四帝國議會ニ「台湾議會設置」方ヲ請願シ爾来請願委員上京ノ都度宣傳ビラヲ頒布シ「台湾總督ヲ葬レ」「自由権ヲ奪回セヨ」等過激ナル示威運動ヲ行フコト一再ナラズ遂ニハ台湾民族解放運動ノ指導団体組織ヲ目論見許乃昌、黄宗癸外数名ハ昭和二年三月台湾青年会内ニ社会科学研究部ヲ設ケ「學生社會科學聯盟」及東京無産青年同盟ト連絡シ在京留學生ヲ主義化シ極力同志ノ糾合ニ努メ来レル外日本共産党員指導ノ下ニ島内左翼団体ヲ赤化スベク主要幹部歸台シテ実践運動ノ指導ニ當ル等注意ヲ要スベキ状態ニアリシノミナラズ昭和三年末頃ニ於テハ六十余名ノ會員ヲ分チテ學校別或ハ地域別ノ研究班ヲ設ケ旺カニ主義ノ宣傳並ニ研究ヲ續ケ一方ニュースヲ發行シテ島内ヘ密送シ宣傳煽動ニ努ムル等相當注意スベキ状態ニアリシガ昭和四年四月十六日更正日本共産党検挙ニ際シ主要会員四十余名ハ嚴重ナル取調ベヲ受ケ内三名ノ党加盟ノ事実明瞭トナリテ起訴サレ爾来仝會ニ對スル視察取締ハ特ニ嚴重ニシテ最近ハ殆ンド見ルベキ活動ノ跡ナシ。

(二)台湾青年団（上海）

上海ニ於ケル曁南大學、大夏大學等ノ留学生ハ各々學生会ヲ組織シ居タルガ更ニ王慶勲、洪緝治等ヲ幹部トシテ上海台湾学生联合會ヲ結成シ社會科學研究會（林木順、翁沢生指導スルモノ）及旅滬台湾同郷會等ト連絡協調シ且ツ在上海各種革命団体ト提携シテ積極的不穏行為ニ出テツヽアリ、特ニ昭和四、五年六月十七日ノ始政紀念日ニ際シテハ台湾解放ノ大示威運動ヲ行ヒタリ然ルニ其ノ後社會科学研究会及旅滬台湾同郷会ヲ解散シ革命的ナル「台湾青年団」ヲ組織シ以テ運動戦線ヲ統一シ中國共産党指導ノ下ニ上海反帝大同盟ニ加盟シ各種反帝工作ニ参加スルノ外光州学生騒擾事件ヲ導火線トシテ擴大セル朝鮮独立運動ニ関シ昭和五年一月以来随時不逞鮮人団体ト會合シテ共運動ヲ援助スル所アリシガ尚機関紙青年戰士、青年団ニユース等ヲ發行シテ島内及東京ヘ密送シ宣傳、煽動ニ努メツヽアリシガ最近台湾ノ独立ヲ目的トスル上海台湾反帝同盟ニ改組シ台湾共産党幹部指導ノ下ニ不穏工作ニ従事シツヽアルコト發覺シ一部同盟員ヲ検挙シ目下捜査續行中ナリ。

(三)閩南學生聯合會(厦門)

厦門漳州方面ハ台湾人ノ在住者最モ多ク随ツテ要注意人ノ潜入スル者モ亦尠カラサル模様アリ即チ漳州ニハ李山火、施至善、蔡孝乾等ヲ始メ陳新春、洪石柱、施脩清等在留シ仝地左傾分子ト提携シテ不穏策動ニ出ツルノ外留集台湾學生會（厦門集美學校）同文台湾學生會（厦門同文中學校）及漳州ニ於ケル留漳台湾學生會等ヲ直接間接指導シ其ノ主義化ニ努メツツアリシヲ以テ彼等ハ其ノ環境ト相俟ツテ相當注意ヲ要スヘキ状態ニアリタルカ殊ニ留集台湾學生會ハ昭和四年十一月光州事件ニ端ヲ発シ朝鮮全道ニ瀰漫セル朝鮮独立運動ニ際シ不逞鮮人団体ヲ援助シ宣傳ビラノ頒布或ハ遊行等ノ不穏行為アリタル外之ヲ契機トシテ台湾独立運動ヲ企図シ潘欽信、陳新春等指導ノ下ニ閩南地方ニ散在セル台湾人學生會ヲ打ツテ一丸トシ統制アル學生聯合會ヲ設立セムコトヲ寄々協議中ナリシカ昭和五年六月廈門中華中學ニ於テ第一回準備會ヲ開キ諸事打合セノ上仝月九日廈門中學校講堂ニ於テ秘密裡ニ発會式ヲ挙行セリ、爾来本會ハ左傾支那人ト提携シ台湾ノ独立ヲ標榜シテ前記要注意台湾人指導ノ下ニ在上海台湾青年団及島内左翼団体ト連絡シ不穏ビラ

30

ノ頒布示威的遊行等注意警戒ヲ要スヘキ動静アリ、殊ニ昭和五年六月十七日ノ始政紀念日反對策動並ニ今年十月霧社事件ニ関スル不穏策動ノ如キハ相當氣勢ヲ擧ケ其ノ影響モ亦尠カラサリシモノナリ。

3人

第四章 文化協會

(一)創立年月日 大正十年十月十七日

(二)事務所々在地 台中市梅ケ枝町一三

(三)文化協会分裂前後ノ状況

大正十年十月台湾文化協会ガ創立サレタル當時ノ構成分子ハ島内不平分子ヲ主トシタル関係上官廳ヲ攻撃シ内地人ト抗争スル等民族意識ニ基因スル行動ハ相當秩序アリ且ツ其結束モ強固ナリシガ其ノ内部ニ立チ入リ會員ノ抱持スル思想傾向ヲ検討スルトキハ急進、穏和、右傾、左傾等各種ノ思想抱持者ヲ包含シ為メニ屡々其ノ結束紊レントセシモ、總理タル林献堂ノ信望ト一方民族對立觀念ノ利用ニ依リ辛シテ統制ヲ保チ来リシモ漸次左右両派ノ分野瞭カトナリ旺ニ暗鬪ヲ繰リ返シ来リシガ昭和二年一月會則改正問題ヲ中心トシテ連温卿、蔡培火、蔣渭水等各々自説ヲ固持シテ讓ラズ相當問題紛糾シタルモ豫テ斯クアルベシト機ヲ窺ヒ居タル左派幹部連温卿ハ事前ヨリ暗中飛躍ヲ試ミ遂ニ自己ノ主張ヲ貫徹シ一挙ニシテ全會ノ実権ヲ掌握スルニ到レリ。

此ノ結果全会中央委員ノ選出モ多ク連派ニ屬シ従来幹部トシテ活動シ来リシ者モ殆ンド落選シ僅カニ林献堂外数名ヲ残スノミトナリ

メリ。茲ニ於テ林献堂ハ老体其ノ任ニ堪ヘズトテ欧米漫遊ヲ事由トシ委員辞任ヲ申出テ蔡培火、蔣渭水ノ両名モ亦自説ノ破レタル今日到底理想ヲ実現スル能ハズト稱シ會ノ任務ヲ一切担當セサルコトヲ声明シテ全會ヨリ脱離セリ。

斯クテ連温郷ハ自己ノ主張ニ係ルマルキシズムヲ基調トシテ帝國主義、資本主義ヲ排撃シ弱小民族並ニ無産階級ノ解放ヲ叫ビ且ツ団結ノ必要ヲ力説シテ階級闘争ヲ宣傳煽動スル等低級ナル労働者ノ思想ヲ混惑セシメ各所ニ事端ヲ惹起セシメツツアリシモ常ニ失敗ヲ重ネ加フルニ連温郷ノ專横ヲ快トセサル王敏川一派ハ事毎ニ反對シテ彼ト抗爭シ遂ニ連ヲ仝協會ヨリ除名シ從来ノ誤謬ヲ清算シテ昭和四年十月台中州下彰化街ニ於テ開催セル第三次全島代表大會ニ於テ「文協ハ進歩的智識分子及無産小市民青年學生ヲ糾合シ街頭闘爭ヲ標榜スル大衆団体」タラシムルコトヲ決議シ旧台灣民衆党ト相對峙シテ時事問題ヲ云為シ或ハ地方問題ニ干與スル等多分ノ政治結社的傾向ヲ帯ブルニ到レリ。

(四) 運動行詰リト之ガ打開策動

然ルニ一方昭和二年一月同會ヲ脱離セル右翼分子ハ台灣民衆党ヲ組織シ全民運動ヲ標榜シ

テ活發ナル表頭運動ヲ為シツヽアリテ之ニ對抗シテ大衆ヲ獲得スルコトハ頗ル困難ナリシノミナラズ同會構成分子ガ中產階級 小資產階級及勞働者農民等各種階級員ヲ包擁シ居タリシ為メ運動方策並ニ各種工作ニ於テ団体力ヲ集中スルコト極メテ至難ナル状態ニアリ随ッテ常ニ内部的不統一ヲ暴露シ會員ノ離反スルモノ多ク其ノ標榜スル所ノ街頭闘争モ亦極メテ不徹底ニ終ハリ遂ニ昭和五年ニハ運動行詰リニ逢着セリ。

(五) 島内左翼運動ノ進展ト文化協會解体問題ノ擡頭

前掲ノ如ク事実上島内ノ左翼運動ノ指導的地位ヲ掌握シ来レル文協モ殆ンド活動シ能ハサル状態ニ陥リタルヲ以テ一部幹部間ニテハ之ガ頽勢挽回ノ為メ種々策動スル所アリシモ闘争目標ノ確立セサル合會ハ大衆ノ支持ヲ得ル能ハズ益々委微衰退セリ然ルニ一方昭和四年頃ヨリ再建ニ努力シ来レル台湾共産党ハ漸次党勢ヲ増シ島内各種左翼団体ニ對シ随時秘カニ党ノ政策ニ基ク指令ヲ與ヘ左翼戦線ノ統一ト指導権ノ確立ニ努メ来リシガ文協ニ對シテモ亦「進歩的智識階級分子及小市民ヲ糾合スル大衆団体トシテプロレタリア

領導下ニ台湾革命ヲ遂行スベクシ指示シ来リシモ一般大衆ノ支持ヲ失ヘル文協ハ事實上少数幹部ノ団体トシテ依然會勢振ハズ加フルニ無智ナル一般民衆間ニハ今尚文協ヲ過重評價シツヽアルモノ多ク革命工作上阻害スル所尠カラズトテ文協解体論ヲ主張スルモノ漸ク増加シ来リ最近ニ於テハ存續論者ト解体論者トノ論争酣ナルモ一般大勢ハ後者ニ傾キツヽアルカ如シ、從ツテ最近文協トシテハ何等認ムベキ工作ナク主要闘士モ多クハ別項記載ノ台湾共産党員トシテ党ノ工作ニ從事シツヽアル状勢ナリ。

以上

(六)

綱領並ニ現有勢力

(1)、主ナル行動綱領
1、獲得言論集會結社出版絶体自由的鬪爭
2、撤廢彈圧無產階級之一切悪法的鬪爭
3、獲得、完全自治的鬪爭
4、獲得団結権、団体交捗権、罷業的鬪爭
5、獲得學生之一切自由的鬪爭
6、支持反帝主義大同盟的鬪爭
7、促進全島的犠牲者救援會的鬪爭
8、反對台灣總督府統治的鬪爭
(四)鬪爭方針
昭和六年一月五日第四次全島代表大會ノ決議ニ
依レバ彼等ハ工人ハ工會ニ、農民ハ農民組合ニ、無産小市民、青年學生ハ文協ニ加入セヨ」トノ主張ノ下ニ小資産階級ヲ糾合シテ會ノ中心勢力ト為シ島内左翼団体ト協力シテ徹底ニ反動団体撲滅ノ闘争ヲ敢行シ且ツ無産階級解放運動戦線ノ前衛隊タルヘキ赤色總工会ノ組織ニ全力ヲ盡シ之シカ組織確立ノ過程ニ於テ産業別的整理ヲ行ヒ同工會ヲ中心トスル左翼陣営ヲ完成スルト共ニ一方全島民ヲ糾合シテ党指導下ニ反帝同盟ヲ組織シ民族革命ヲ遂行スルコトカ殖民地タル特殊事情ニ基ク吾々ノ歴史的使命ナリト主張ス

(ソ)現有勢力

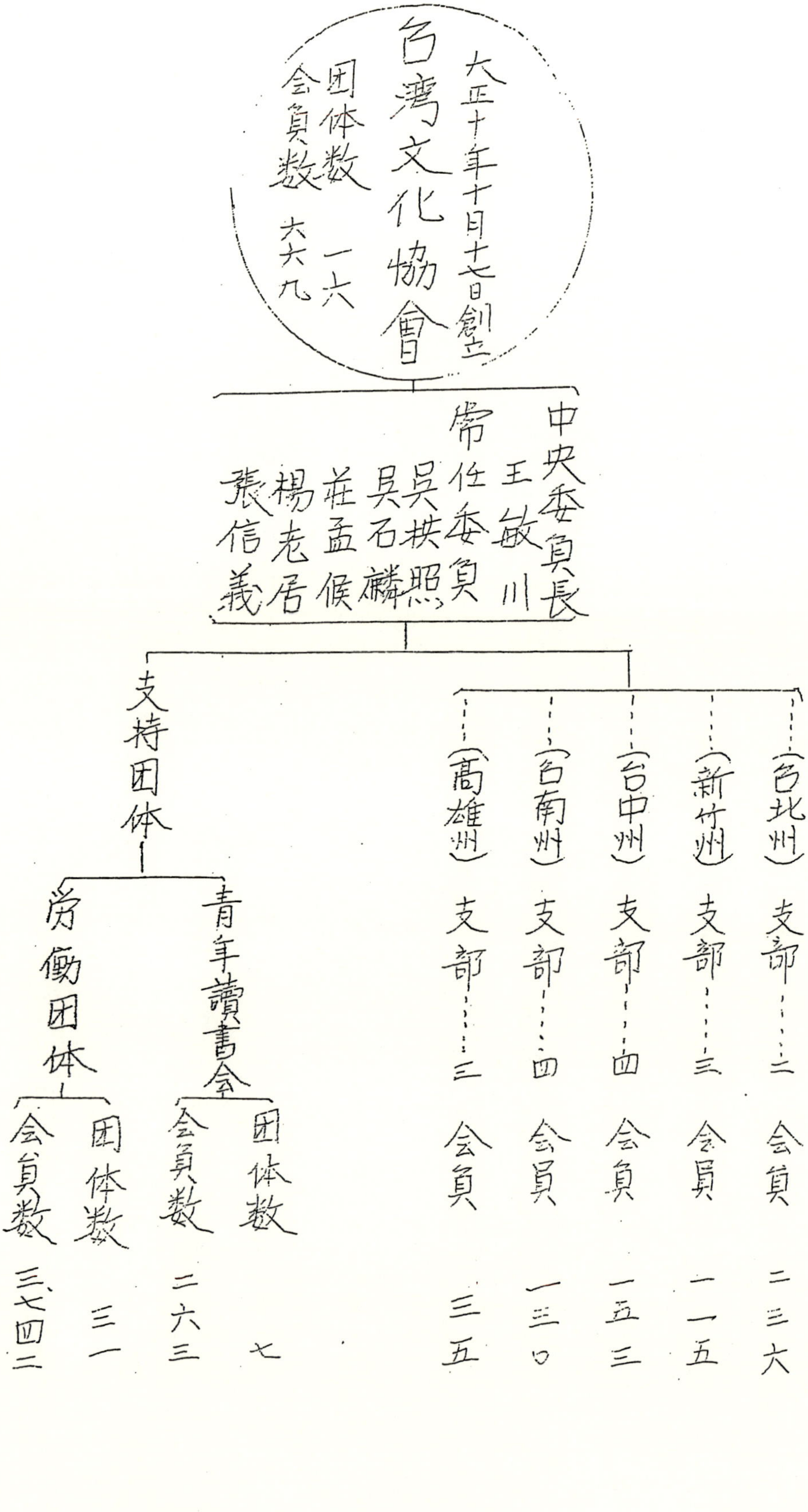
台湾文化協會
大正十年十月十七日創立
団体数 一六
会員数 六六九
中央委員長 王敏川
常任委員
呉拱照
呉石麟
荘孟侯
楊老居
張信義
(台北州)支部……二 会員 二三六
(新竹州)支部……三 会員 一一五
(台中州)支部……四 会員 一五三
(台南州)支部……四 会員 一三〇
(高雄州)支部……三 会員 三五
支持団体
青年讀書会 団体数 七 会員数 二六三
労働団体 団体数 三一 会員数 三、七四二

第五章　農民運動

第一節　概況

台湾農民組合ヲ中心勢力トシテ大正十五年ヨリ昭和三年ニ渉リ熾烈ヲ極メタル本島農民運動ハ昭和四年二月全組合幹部多数ヲ本島出版規則違反ニ依リ検挙シタル以来其ノ運動ニ頓挫ヲ来シ延テ其ノ指導ニ依リ各地ニ頻発シタル小作争議ノ如キモ俄カニ低調ヲ示シ爾来表面運動ハ萎微沈衰ノ状態ニアルモノナリ

然レ共現在組合幹部等ハ巧ニ對岸及内地等ト連結ヲ保持シ島内各地ニ専ラ潜行運動ニ依リ頽勢ノ挽回ヲ計リツヽアルノミナラズ農民運動ハ本島社

會運動中ニ於テハ比較的發展ノ可能性アル事情アルヲ以テ現在ノ頽勢モ單ニ一時的ノ現象ニ過ギサルモノト認メラレ其ノ推移ニ付テハ嚴密注意中ナリ

第二節　農民団体ノ運動

本島ニ於ケル農民団体中最モ有力ナルモノハ中南部地方ニ勢力ヲ有スル台湾農民組合ニシテ台北州宜蘭地方ニ於ケル蘭陽農民協会之ニ次グ、其ノ他瑞芳農民協会(台北州)及桃園農民協会(新竹州)等アルモ其ノ勢力振ハスシテ殆ト有名無実ノ状態ニアリ、尚地主団体トシテ台南州地主會アリ蔗作者ノ団体トシテ北門郡蔗作改良会アリテ相當ノ活動ヲ續ケツヽアリ之等団体ノ情勢概ネ次記ノ如シ

第一項　台湾農民組合
(イ)創立年月日　大正十五年六月二十八日
(ロ)事務所々在地　台中市梅ケ枝町一二七番地
(ハ)情勢大要
本島ニ於テ所謂近代的農民団体ノ組織ヲ見タルハ大正十四年五月高雄州鳳山郡下ニ於ケル陳中和物産株式会社ノ小作地引上問題ニ発端シテ組織ヲ見タル鳳山農民組合ヲ以テ嚆矢トス
次テ同組合幹部ノ指導ニ依リ翌十五年六月台中州下ニ大甲農民組合、台南州下ニ曽文農民組合等ノ設立ヲ見タルカ同月二十八日各幹部等協議ノ結果之等ノ組合ヲ支部トナシ其ノ聯合体タル

台湾農民組合ヲ組織シ中央集権的組織ヲ整ヘ本部ヲ台中市ニ設置シタリ

爾来此ノ運動ハ時運ニ投合シタルモノヽ如ク幹部等ノ宣伝運動ト相俟ッテ加盟者ノ増加支部ノ新設相亜キ之ト共ニ俄然昭和二年ニ入リ其ノ指導ニ依ル小作争議各地ニ頻発シ組合勢力ハ一時中南部地方農村ヲ風靡セルノ観アリタリ

然ルニ組合ハ創立後間モナク共産主義系分子ノ侵入ヲ受ケ内地ニ於ケル旧労働農民党ノ指導ニ属シ其ノ行動漸ク組合本来ノ使命タル経済運動ノ域ヲ踰越シ事ノ成否ニ拘ラス小作問題土地問題等ヲ捉ヘテ闘争ノ激化ニ努ムル等 共

産主義思想ニ基ク革命的運動ノ色彩ヲ表スニ到レリ。

於茲豫テ不穏ナル各種ノ宣傳印刷物等ヲ作成シテ組合宣傳ノ衛ニ當レル幹部六十数名ヲ昭和四年二月十二日台湾出版規則違反トシテ一斉ニ検挙シタルニ（審理ノ結果十一名ニ對シ一年乃至十月ノ懲役言渡アリタリ）運動ノ進展ニ一頓挫ヲ来シ組合員中ニハ組合ノ指導精神ノ不穏ナルニ驚キ脱會スルモノ支部ノ解散ヲ告クルモノ續出シ急轉的ニ凋落ヲ来セリ、加フルニ警察取締ノ厳重ナルト運動資金ノ欠乏ハ益々運動ヲ沈滞ニ導キ最近ニ於テハ多数組合員ヲ会同スル宣傳講演會ノ如キモ殆ド其ノ跡ヲ絶チ昭和五年中ニ於テハ新竹州下ニ於ケル有力支部タル湖口支部（組合員五四〇名）三叉支部（組合員一一名）ノ如キ同六年ニ入リ台中州下中崙支部ノ如キ何レモ自発的ニ解散ヲ告クル等頽勢著シキモノアリ然シ共組合ノ中心幹部等ノ思想傾向ハ依然共産主義思想ヲ謳歌シ中ニハ目下検挙續行中ナル台湾共産党ノ運動ニ共鳴シ旧台湾民衆党一派ノ唱フル民族運動及自治聯盟ノ運動ノ如キハ寧ロ帝國主義ニ迎合スル反動的性質ヲ有スルモノナリトシテ之カ克服ヲ高唱シ或ハ赤色農民組合加入ヲ云々スル等其ノ指導精神ハ逐日尖鋭

化ノ傾向ニアリテ現在本島社會運動ノ最左翼ヲ占ムルモノト認メラレツアリ殊ニ其ノ運動方法ニ到リテハ專ラ秘密的地下運動ノ方法ヲ以テ島内ハ素ヨリ對岸及内地在住ノ同志等トモ連絡ヲ緊密ニシテ警察取締ノ間隙ヲ窺ヒ運動ヲ展開スヘク努メツヽアルモノニシテ昨年七月中ロシア革命紀念日ニ於テ台南州曾文郡下營公學校児童ノ盟休ヲ計画シタルカ如キ（一部実現ス）同年九月同地方ニ於ケル嘉南大圳水租不納同盟運動及同十一月同地方ニ於ケル抗租運動ノ如キ左傾幹部ノ策動ニ基ク運動トシテ注意ヲ要スヘキモノト認メラレ本組合

ノ動静ニ就テハ厳重監視ヲ怠ラサル所以ナリ。
本組合ノ創立以後ニ於ケル組合勢力ノ消長及
現勢次ノ如シ
台湾農民組合行動綱領
イ、土地獲得ノ闘争
ロ、小作争議闘争
ハ、生産物管理権確立ノ闘争
ニ、埤圳農会ノ管理権奪回ノ闘争
ホ、七時間労働制及最低賃銀法制定ノ闘争、
ヘ、団結権確立ノ闘争
ト、帝国主義及独裁暴圧政治反対ノ闘争
チ、言論、出版、集会、結社ノ絶対自由獲得及

機関紙實現ノ闘争

リ、不法検挙、検束反對ノ闘争

又、台湾犠牲者救援會促成ノ闘争

ル、青年及婦女ニ對スル組織訓練確立ノ闘争

オ、無組織大衆獲得ノ闘争

ワ、中國農工革命支持及ソビエット聯邦擁護ノ闘争

組合ノ現勢（昭和六年六月末現在）

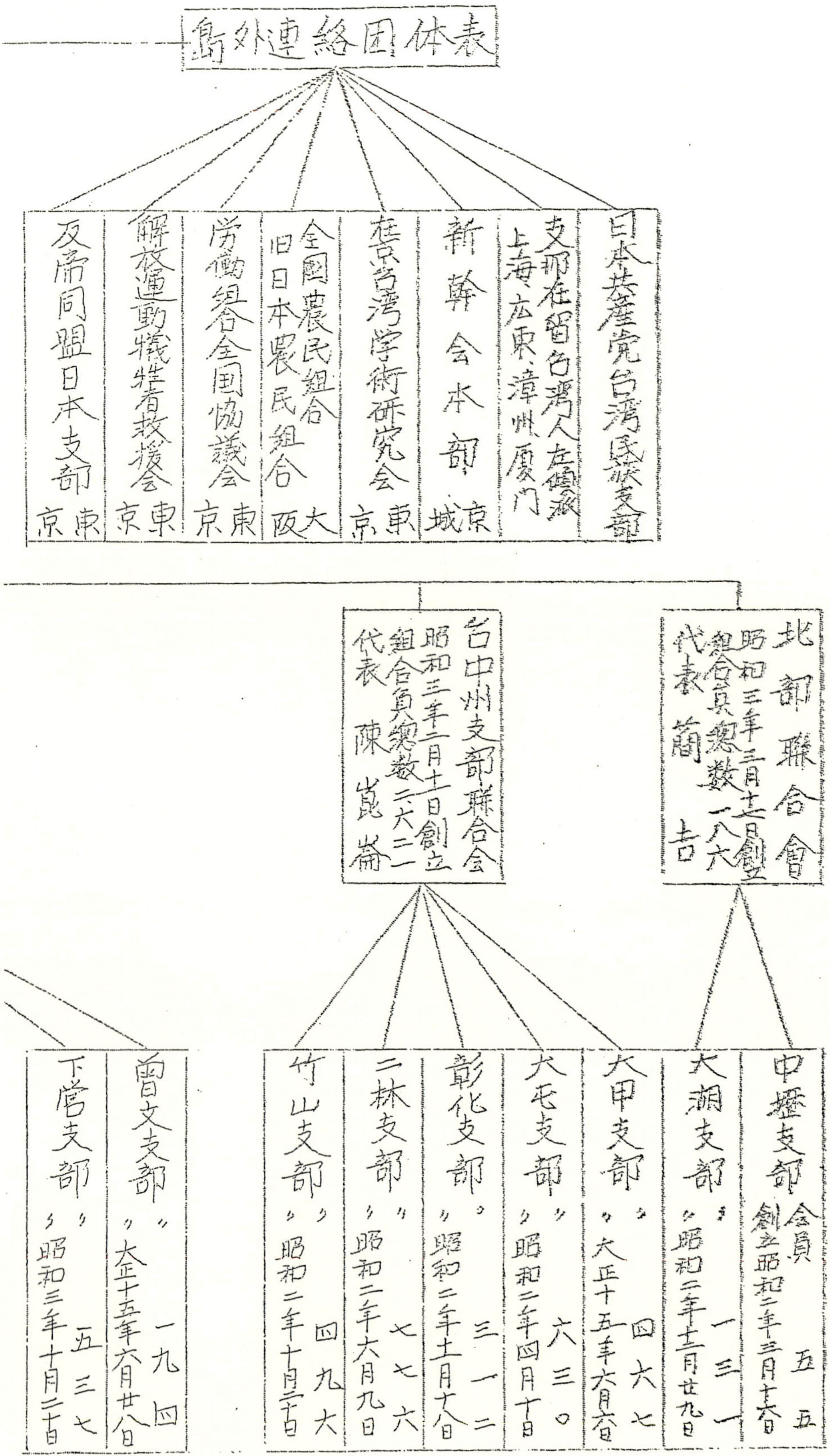
島外連絡団体表
日本共産党台湾民族支部
支那在留台湾人左傾派 上海、広東、漳州、廈門
新幹会本部 京城
在京台湾学術研究会 東京
全国農民組合 旧日本農民組合 大阪
労働組合全国協議会 東京
解放運動犠牲者救援会 東京
反帝同盟日本支部 東京
北部聯合會 昭和三年三月十一日創立 組合員総数 一八六 代表 簡吉
台中州支部聯合会 昭和三年二月十一日創立 組合員総数 二六二一 代表 陳崑崙
中壢支部 会員 五五 創立 昭和二年三月十一日
大湖支部 〃 一三一 〃 昭和二年十二月廿九日
大甲支部 〃 四六七 〃 大正十五年六月六日
大屯支部 〃 六三〇 〃 昭和二年四月十日
彰化支部 〃 三一二 〃 昭和二年十二月十八日
二林支部 〃 七七六 〃 昭和二年六月九日
竹山支部 〃 四九六 〃 昭和二年十月二十日
曾文支部 〃 一九四 〃 大正十五年六月廿八日
下営支部 〃 五三七 〃 昭和三年十月二十日

台湾農民組合本部
大正十五年六月廿八日創立
組合員總数 七、七〇〇
中央常任委員長（欠）

政治組織部長 趙港
争議調査部長 黄石順
教育出版部長 陳徳興
青年部長 陳結
庶務財政部長 陳崑崙

台南州支部聯合会
昭和二年十月十三日創立
組合員總数 二九二六
代表 張行

高雄州支部聯合会
昭和三年八月一日創立
組合員總数 一九〇六
代表 顔石吉

支部	会員	創立
虎尾支部	三	大正十五年八月廿一日
嘉義支部	九六六	大正十五年九月二日
小梅支部	九八三	昭和二年三月七日
斗六支部	一八〇	昭和三年八月二十一日
東石支部	六三	昭和三年二月一日
高雄支部	一一九	昭和三年七月十四日
鳳山支部	六二五	大正十四年十一月十五日
屏東支部	二八八	昭和二年九月一日
内埔支部	八六	昭和二年九月二日
東港支部	七七八	昭和二年一月十三日

加盟者増減表

年次	支部数	組合員数
創立当時 大正十五年六月	六	四、一七二
昭和二年末現在	二一 出張所 六	二一、三一一
〃 三年末現在	二六	一一、四一〇
〃 四年末現在	二三	八、六六九
〃 五年末現在	二〇	七、七七八
〃 六年六月末現在	一九	

第二項　蘭陽農民協会

(一) 創立年月日　昭和二年十月二十五日

(二) 事務所ノ在地　台北州宜蘭郡宜蘭街乾門

(三) 組合員数　八五〇名（昭和五年末現在

(四) 情勢大要

組合ノ綱領ニハ「本組合ハ農村ノ振興農村文化ノ向上及農民ノ経済ヲ保全スルヲ以テ綱領トナストアルモ由来旧台湾民衆党系ノ団体ニシテ其ノ指導精神ハ民族自決主義ニアルモノト認メラル、

現在本組合ノ牛耳ヲ採レルハ宜蘭郡員山庄在住旧民衆党幹部李桂璋ニシテ昭和二年六月宜蘭税務出張所ニ於テ宜蘭殖産会社ニ対シ五十余

甲歩ノ土地ヲ貸下ケタル際無断開墾者十数名

ノ土地カ其ノ一部ナリシタメ其ノ利益擁護ノタメ設

立セルモノナリ、

常ニ旧民衆党ト連絡ヲ保持シ同地方ニ発生ス

ル小作問題及地方問題等ニ介在ス最近民衆党

禁止後ハ専ラ旧党地盤ノ確保ト其ノ勢力ヲ

拡張スヘク画策中ナリ、

第三項　北門郡蔴作改良会

(一)創立年月日　昭和六年三月二十二日

(二)事務所所在地　台南州北門郡佳里庄高添旺方

(三)組合員数　一七八七名ヘ創立当時

(四)情勢大要

本組合ノ創立動機ハ昭和六年度製糖期ニ於テ各製糖会社ハ不況緩和ノ一策トシテ何レモ歩留ノ向上ニ専心シタルカ就中台南州北門郡佳里ヲ中心トスル明治製糖蕭壠工場ニ於テハ原料精選酷ニ失シタル嫌アリ当時蔗作者等ハ工場側ノ措置ニ不平ヲ抱キ遂ニ相倚リ本会ヲ組織シ会社ニ対抗的態度ヲ採ルニ到レルモノトス、

同会ノ目的トシテハ「蔗作上ノ改良蔗作者ノ融和相互ノ福利増進」等ヲ標榜シ居レルモ其ノ実際ハ会社ニ対スル闘争団体ニシテ創立以来会社対蔗作者間ノ問題ニ容喙シ常ニ蔗作者ノ利益増進ニ努メツヽアリ、

第三節　台南州地主会

(一)創立年月日　昭和六年二月十七日

(二)事務所ノ在地　台南市高砂町二丁目二七番地

(三)会員数　約一七〇〇名(創立當時)

(四)情勢大要

(イ)創立ノ経過

台南州下平地十五萬甲ニ灌漑排水ヲ為スベキ嘉南大圳工事ハ昨年四月竣工ヲ告ケ同年六月ヨリ灌漑ヲ開始シ一甲當リ一年二十三円八十銭宛ノ水租ヲ徴収スルコトヽナレリ然ルニ最近ノ農村ハ恐慌ノ浸透ヲ受ケ農産物ノ價格暴落シ一般ニ疲弊ノ声漲リ加フルニ昨年ハ何分大圳ニ依ル

灌漑ノ初年度ニシテ愛益ノ効果見ルヘキモノナカリシタメニ関係農民ハ何レモ水租納入ニ苦情ヲ唱ヘ遂ニハ同大圳ノ根本組織タル三年輪作ノ撤廃ヲモ云為スル等民情悪化シ遂ニ不平分子相集リ本会ヲ組織シテ大圳当局ヲ牽制スヘク運動ヲ開始セルモノナリ、

(ロ)本会ノ目的及主張

会則第三條、、、本会ハ嘉南大圳事業ノ改善達成土地收容力ノ増進ヲ促進シ並ニ業佃(地主小作人)ノ融和ヲ圖リ農村ノ福利ヲ謀ルヲ目的トス

主　張

一、三年輪作制度ニ反対スヘ不穏ト認メ発表ヲ差止

メタリ一

二、水租ノ軽減ヲ要求ス

三、灌漑方法ノ改革ヲ要求ス

四、工事費貸租金ヲ五十ケ年ニ延長分納ヲ要求ス

五、不適地ノ除外ヲ要求ス

七、排水ノ自由利用ヲ要求ス

八、政府ノ債権撤廃ヲ要求ス

九、低利資金ヲ借リ高利ノ債務ヲ返済スルコトヲ
要求ス

十、人件費ノ節約ヲ要求ス

(ハ) 運動経過

本会幹部中ニハ台湾地方自治聯盟台南支部ト密

接ナル關係ヲ有スルモノ多ク其ノ裏面ニ於テハ相提携シテ運動ノ發展ヲ進メツツアリ、

本會創立以來幹部等ガ最モ力ヲ注キツヽアル運動ハ水租輕減運動ニシテ其ノ主張貫徹ノ方法トシテ大圳組織ノ豫算決算等ヲ決議スヘキ組合總會内部ニ勢力ヲ伸張シ理事者側ヲ牽制スルノ方法ヲ採リ本年三月及六月ノ組合總會ニ於テハ地主會ニ屬スル議員等ノ活躍ニ依リ理事者側ヲシテ「國庫ヨリノ借入金ノ利下及償還期限延長外三項ヨリ成ル附帯條件」ヲ承認セシムルノ止ムナキニ到ラシメタリ、

其ノ後大圳專任管理者ヲ廢止シ知事ニ於テ兼任

スルニ到レルコト及六年度水租徴收方法ノ緩和策等ノ講セラルヽニ及ヒ同会幹部等ハ右ハ何レモ本会運動ノ結果ナルカ如ク宣傳シ勢力擴張ニ努メツヽアルヲ以テ動靜嚴重注意中ナリ、

第四節　小作争議ノ情勢

本島農民運動ノ勃興期トモ謂フヘキ大正十三年以降ニ於ケル小作争議ノ情勢ハ次ノ如クニシテ昭和二年ニ於テ最モ多ク同三年ヲ経、同四年ニ於テ俄カニ減少セリ

大正十三年	五件
〃　十四年	四件
〃　十五年	一五件
昭和二年	四三一件

〃四年　二六件

〃五年　二八件

上記ノ如ク大正十五年迄ハ数件乃至十数件ニ過キサリシモノカ昭和二年ニ入リテ一躍四三一件ノ多キヲ算シタル理由ハ當時恰モ農民組合勃興ノ時期ニシテ新竹州ニ於ケル内地人土地経営会社タル日本拓殖株式会社所属小作人ノ殆ト大部分カ其ノ指導應援ヲ得テ小作料減免ノ争議ヲ起シタルヲ始メ随所ニ同様争議ノ頻発ヲ見タルニ依ルモノニシテ同三年モ亦同様ノ趨向ヲ見タルモノナリ然ルニ同四年ニ入リ一度組合幹部ニ対シ出版規則違反ニ依ル大検挙ノ断行セラルヽヤ其運動ハ殆ト閉塞状態ニ陥リ昭和四年中ニ於ケル争議

ノ発生ハ全島ヲ通シテ二十六件ニ激減シ其ノ内農民組合ノ介在セルモノハ僅カニ五件ヲ数フルニ過キス又昭和五年ニ入リテモ発生尠ク二十六件ノ内農民組合ノ介在セルモノハ三件ナリ、

尚昨年末ヨリ本春ニ到ル製糖期ニ於テ糖業界不況ノ結果製糖会社ハ何レモ歩留ノ向上ニ藉口シテ原料ノ精選酷ニ失シタメニ農民ノ反感ヲ助長シ所々ニ小紛ヲ醸シ会社対農民ノ関係カ漸次悪化ノ傾向ヲ示シ前般北門郡蔗作改良会ノ如キ闘争団体ノ結成ヲ見タルハ注意ヲ要スヘキ点ナリ、

又本年六月以降島内製糖会社ハ昭和七、八年度原料買収代金ノ発表ヲ為スニ当リ各社協定ノ上前年ニ比シ平均約三割ノ値下ヲ断行シ之カタメ蔗作者間ニハ相當衝動ヲ與ヘタルモ一般農作物ノ價格暴落ノ折柄ナルヲ以テ一般ニ会社側ノ提案ニ忍従シ植付申込ヲ為シツヽアルカ一般蔗作者間ニハ相當不平ノ存スルハ否定スヘカラサル処ニシテ不穏分子ノ乗ス余地ナキニアラス動静注意中ナリ、

各年別小作争議件数人員調

人員ハ小作人ノミヲ示ス
△印ハ台湾農民組合ノ介在セサルモノヲ内書ス

年別	件数人員	台北	新竹	台中	台南	高雄	台東	花蓮港	澎湖	計
大正十三年	件数	—（△—）	—（△—）	二（△—）	—（△—）	三（△—）	—（△—）	—（△—）	—（△—）	五（△—）
	人員	—（△—）	—（△—）	一五七（△—）	—（△—）	七二（△—）	—（△—）	—（△—）	—（△—）	二二九（△—）
大正十四年	件数	一（△—）	—（△—）	一（△—）	—（△—）	二（△一）	—（△—）	—（△—）	—（△—）	四（△一）
	人員	六九（△—）	—（△—）	一〇七（△—）	—（△—）	八〇（△二〇）	—（△—）	—（△—）	—（△—）	二五六（△二〇）
大正十五年 昭和元年	件数	—（△—）	一（△—）	四（△二）	一（△—）	九（△四）	—（△—）	—（△—）	—（△—）	一五（△六）
	人員	—（△—）	二七（△—）	八六（△三〇）	四三（△—）	六六七（△四七五）	—（△—）	—（△—）	—（△—）	八二三（△五〇五）
昭和二年	件数	八（△—）	三四九（△二八九）	四六（△二八）	一七（△一六）	一五（△一一）	—（△—）	—（△—）	—（△—）	四三一（△三四四）
	人員	三七〇（△—）	三四五（△二八九）	七四三（△六〇三）	四六（△四五）	六二三（△五三二）	—（△—）	—（△—）	—（△—）	二、一二七（△一、四六九）
昭和三年	件数	一（△—）	一〇三（△六〇）	一七（△一三）	四（△一）	九（△六）	—（△—）	—（△—）	—（△—）	一三四（△八〇）
	人員	八（△—）	二〇九（△一四三）	二、六四〇（△二四六六）	一二六（△一八）	一六六（△一一八）	—（△—）	—（△—）	—（△—）	三、一四九（△二、七四五）
昭和四年	件数	—（△—）	一五（△四）	三（△—）	三（△—）	三（△一）	—（△—）	二（△—）	—（△—）	二六（△五）
	人員	—（△—）	一四八（△八）	四〇（△—）	一四三（△—）	一〇三（△五七）	—（△—）	二六七（△—）	—（△—）	七〇一（△六五）
昭和五年	件数	—（△—）	六（△—）	四（△二）	一（△—）	一五（△一）	一（△—）	一（△—）	—（△—）	二八（△三）
	人員	—（△—）	七（△—）	三一七（△二三九）	一二（△—）	一、四二〇（△一五）	二（△—）	二〇〇（△—）	—（△—）	[illegible]八五八（△一、一五四）

昭和五年中発生小作争議統計

種別	州庁別	台北	新竹	台中	台南	高雄	花蓮港	台東	澎湖	計
争議件数		-	六	四	一	一五	一	一	-	二八
関係者数	地主	-	七	四	一	三四	一	一	-	四八
	小作人	-	七	一、二一七	一二	一、四二〇	二〇〇	二一	-	二、八七七
関係耕地面積	田（甲）	-	三〇	一、六九七	一	三八	-	四四	-	一、八一〇
	畑（甲）	-	一六	一、三一八	-	一六七	二七二	-	-	一、七七三
	其他（甲）	-	-	九四四	-	六四九	-	-	-	一、五九三
	計（甲）	-	四六	三、九五九	一	八五四	二七二	四四	-	五、一七六
要求事項	小作料一時減額	-	三	-	-	-	-	-	-	三
	小作料一時免除	-	-	-	-	-	-	-	-	-
	小作料永久減額	-	-	一	-	-	-	-	-	一
	小作料値上反対	-	-	-	一	一	-	-	-	二
	小作料納入延期	-	-	-	-	-	-	-	-	-
	小作地引上反対	-	一	三	-	六	一	一	-	一二
	中間小作人排斥	-	-	-	-	二	-	-	-	二
	磧地金返還要求	-	-	-	-	-	-	-	-	-
	水租地主負担要求	-	-	-	-	-	-	-	-	-
	無断開墾者続耕権主張	-	-	-	-	-	-	-	-	-
	小作料支払要求	-	-	-	-	-	-	-	-	-
	其他	-	二	-	-	六	-	-	-	八

第六章 労働運動

第一節 労働運動発展経過ノ概要

本島ニ於ケル労働運動ハ大正七、八年産業界未曾有ノ好景気ト欧州大戦後ノ時代思潮ノ影響ヲ受ケ争議ノ形態ヲ以テ起リ漸ク社会ノ耳目ヲ惹クニ到リシカ尚一時的利害関係者ノ結合ニ依ル労資紛議ノ程度ヲ出テサル純経済争議ニシテ未タ以テ労働者階級ノ解放ヲ目的トスル所謂近代的ナル労働運動ハ殆ト認ムヘキモノナキ状態ナリキ、

斯クテ昭和二年一月ニ至リ當時島民ノ文化向上ヲ標榜スル島内唯一ノ思想団体タリシ台湾文化協会内ニ共産主義ニ共鳴セル連温卿一派ノ急進分子台頭シ同

会中央幹部タリシ民族自決主義者一派ヲ排除シテ同会ノ實權ヲ握リ從来ノ啓蒙的主張ヲ捨テ專ラ階級闘争理論ニ基キプロレタリアヲ中心勢力トスル革命的闘争団体ニ改組セントシ當面ノ緊急工作トシテ工人ノ組織化ニ全力ヲ致シ甘言ヲ弄シテ低級無智ナル労働者ノ糾合ニ努メタリ、然ルニ文協分裂當時連温卿ト意見ヲ異ニシテ脱退シ蔡培火ト共ニ台湾民衆党ヲ組織セル蔣渭水ハ台湾解放運動遂行上プロレタリアヲ糾合利用スルコトノ最モ緊要ナルコトヲ主張シ前記連温卿ト対抗シテ未組織工人大衆ノ組織化ニ努メ両派相競合シテ地盤獲得ニ專念シ来リシカ故ニ昭和二、三年ニ在リテ異常ナル増加率ヲ示シ

ヘノ

タルノミナラス從来純経済的範囲ヲ脱セサリシ本島労働運動モ急激ニ変革サレ既設団体ハ素ヨリ新組織団体ハ何レモ労働者ノ地位向上並ニ労働條件ノ維持改善ヲ目的トスル階級的団体タル形態ヲ整フルニ到レリ然レ共是等団体ハ自然発生的ナ団体組織ニアラスシテ無自覚ナル労働者カ指導者ノ宣傳煽動ニ惑ハサレ斯カル団体ヲ組織スルコト自体ニ依リ何等カノ利益ヲ得ラルヽカ如ク思惟シ雷同的ニ加盟シタルト指導者等カ地盤獲得ニ急ナリシ為メ重要産業若クハ集団的労働者ノ組織ヲ等閑ニ附シ糾合シ易キ小工場若クハ散在的労働者ノ結成ニノミ趨リシカ為メニ之等団体ノ団体力ノ強固ナラサリシハ勿論闘争力

極メテ弱ク多クノ場合各種運動乃至争議ハ指導者等ノ請負的闘争形態ニ随シ失敗ニ終ハルヲ常トセリ右指導者ノ組織ニ於ケル欠陥アリシコトハ勿論ナルモ之ヲ客観的情勢ヨリ観察セハ本島人ハ内地人ニ比シ生活程度極メテ低ク少額ノ収入ニテ生活シ得ラルヽ関係上資本攻勢ニ依ル影響比較的微弱ナリシニ因ル所尠カラサルヘシ、

叙上ノ如ク団体組織ニ依リテハ何等ノ利益ヲモ得ル能ハス且ツ往々ニシテ犠牲者ヲ出シ一家ヲ挙ケテ路頭ニ迷フニ到ル場合尠カラサルノミナラス彼等指導者ハ労働者ノ切實ナル要求即チ日常ノ利益ノ擁護伸張ハ單ニ表面ノ闘争題目トシ称スレハ革命的闘争訓練

ニ誘致セントスルノ傾向アリシカ為ニ会員漸次離反シ組織団体ノ大半ハ何レモ有名無実ノ状態ニ陥レルカ就中文協会系労働団体ハ唯一ノ指導者連温卿ノ失脚ニ依リ統制紊レ收拾シ能ハサル頽勢ニ陥リタリ、
一方台湾民衆党系ニ在リテハ所属団体四十四、会員約五〇〇〇名ヲ聯合団体台湾工友総聯盟ノ下ニ統一結成シ稍組織形態ヲ整フル所アリシモ昭和六年二月十八日台湾民衆党ノ結社禁止ヲ命セラレタルカ為メニ従来同党ノ運動目標ニ合流セシムヘク誘導サレ来リシ同聯盟ハ活動ノ指針ヲ失フニ到リシヲ以テ爾来幹部間ニ於テ本聯盟ノ闘争目標ニ付種々論議サレ来リシモ既ニ一般会員ハ一思想団体ノ傀儡タルニ慊タラス自ラ已カ利益ノ擁護伸張ニ任セントスルノ趨勢ヲ示シツヽアリ且ツ従来蒋渭水一派ノ専横ヲ快シトセサル一部幹部ニ在リテハ之ト和シ内訌ヲ続ケツヽアル現況ニシテ之カ統一指導ハ相当困難ナルヘシ、

以上記述ノ通リ本島ニ於ケル労働運動ハ組合主義的ナ立場ニナク寧ロ思想運動的傾向濃向ナリシモノニシテ母体タル台湾文化協会台湾民衆党ノ衰退ニ伴ヒ殆ト其ノ活動力ヲ失ヒタルハ此ノ間ノ消息ヲ物語ルモノト言フヲ得ヘシ、

斯クテ本島労働運動モ昭和二、三年ノ流行的進展ヨリ同四、五年ノ反動的凋落ニ陥リ今ヤ根本的ニ清算セサルヘカラサル状態ニ在リ、

5-3

第二節　現在労働団体ノ状勢ト左翼分子ノ赤色総工会組織運動

旧台湾民衆党指導下ニ在リシ右翼工会員ハ四七団体四千九百余名ノ会員ヲ擁スルモ指導団体ノ失墜ニテ統制ヲ紊シ少数団体ガ残存幹部ノ指導下ニ単独的活動ヲ続ケツヽアルノ外何等認ムヘキ工作ナク一方左翼分子ノ指導ノ下ニ組織セラレタリト認メラル、工会モ亦二六団体、会員二、七〇〇名ニ達スルモ之等団体ノ多クハ木工、土工、店員、日傭或ハ小工場又ハ散慢ナル手工業ニ従事スル散在的労働者ヲ糾合セルモノニシテ重要工場、鉱山ニ基礎ヲ有セス且ツ其ノ組織モ何等ノ統制ナク各単一形態ヲ採リテ今日ニ及ヒタル

カ故ニ其ノ闘争力極メテ微弱ニシテ殆ト有名無實ノ状態ニアリ、

然ルニ別項記載（共産主義運動参照）ノ如ク最近党勢ヲ増大セル台湾共産党ハ革命運動ノ中心勢力タルヘキ赤色総工会結成ヲ企図シ居レルモ現存団体ハ前記ノ如ク闘争力ナキ散在的労働者ノ集体ナレハ之ヲ改組スルモ革命運動ノ主動隊トシテノ使命ヲ遂行スル能ハス随ツテ新タニ階級的組合ヲ産業別職業別ニ組織シ根本ヨリ建直スノ要アリトシ本島重要工場、鑛山ニオルガナイザーヲ派シ極メテ潜行的ニ未組織大衆ノ獲得ニ努メツヽアリシコトハ現検挙中ノ台湾共産党事件関係被疑者ノ供述ニヨリ明カナル所ニシテ其ノ影響モ亦相當大ナルモノアリタリ、然レ共今ヤ之カ指導者タリシ各重要党員ハ大部分検挙サレ一時組織運動頓挫シタルヤノ観アルモ其ノ推移ニ付テハ最重注意中ナリ、

第三節　労働団体

昭和六年六月末現在本島労働団体ハ「一〇」ニシテ其ノ団体員数ハ一〇、三六五名ナリ之ヲ種族別ニ示セハ

			団体	名
本島人	旧民衆党系	四	七	四九三一
	文協系	二	六	二七〇〇
	其ノ他		四	四三〇
支那人		二	二	一、六七九
内地人		一	一	六二四

計	一一〇	一〇、三六四

右労働団体中現ニ労働運動ノ中心勢力ヲ為スモノハ本島人労働団体ナルコトハ勿論ナルカ特ニ本島トシテ注意ヲ要スヘキハ支那人労働団体ト本島人労働団体ノ関係ナリ即チ彼等ハ民族関係ニテ互ニ外国人タルノ観念ナキノミナラス両者相合シテ団体ヲ組織シ現ニ八ケ団体アリ）又ハ相提携シテ内地人資本家ニ対シ共同ノ敵トシテ抗争スルノ実状ニアリ

第四節　労働争議

労働争議ノ傾向

(一)大正七八年ノ好景気ニ一般労働者ノ生活向上ヲ促シ各種工業ノ勃興ニ伴ヒ物価ノ騰貴ト相俟ッテ労銀

昂騰シ賃銀値上又ハ待遇改善ニ関スル労働者ノ要求漸ク増加シ従来ノ争議極メテ稀ナリシ本島ニモ大正九年ニハ一躍五十一件ニ上リタルモ其ノ後経済界ノ沈静ト共ニ年々減少シツヽアリシ昭和元年ヨリ稍増加ノ傾向ヲ示シ来リシモ同四年ニ到リ急激ナル減少ヲ見ルニ到レルカ其ノ状況次ノ如シ

年別	件数	参加人員
大正九年	五一	二、四八二
〃十年	三一	一、六一六
〃十一年	二三	八五二
〃十二年	一四	四七六
〃十三年	一四	四一五

〃〃

大正十四年	一八	五三九
大正十五年 昭和元年	二六	一、二八〇
昭和二年	六七	三、三一二
〃三年	一〇九	五、四四五
〃四年	四五	一、七二八
〃五年	五九	一六、〇二五

備考

昭和五年ノ参加人員激増セル事由ハ台中州下清水街高美堤防工事ニ関スル争議ノ参加人員一三、三〇〇人アリタルカ故ナリ

右ニ示スカ如ク昭和二、三年カ著シク増加セルハ一部職業的指導者カ時代思潮ニ乗シ巧ニ宣傳煽動シタルニ

基因スヘク昭和四年後ノ減少ハ各種労働団体ヲ指導スヘキ思想団体カ夫レ自身甚シク疲弊シ現状維持ニ喩々トシテ他ヲ顧ルノ遑ナカリシト経済界ノ深刻ナル不況ニテ労働者等ハ失業ヲ虞レ極メテ消極的ナリシ関係ナルヘシ、

(二) 労働争議発生原因

争議発生ノ原因ハ本来ノ性質上経済的原因ニ起ルモノ最モ多キハ勿論ナリト雖モ昭和二、三年ニ在リテハ思想的動機ニ胚胎シ若クハ思想団体員ノ煽動使嗾ニ基因スルモノ著シク増加シ居タリシカ昭和四年仝五年ニ於テハ資本攻勢ニ対スル消極的要求其ノ大部分ヲ占ムル情勢ニアリタリ、

へ6

次ニ最近三ヶ年間ニ於ケル表面的要求條件ト思想団体介入件数ヲ挙示スレハ

要求事項		件数 昭和三年	件数 同四年	件数 同五年	思想団体介入件数 昭和三年	思想団体介入件数 同四年	思想団体介入件数 同五年
積極的要求	賃銀値上要求	二八	一〇	九	一五	三	五
	待遇改善要求	一三	四	四	八	二	二
	計	四一	一四	一三	二三	五	七
消極的要求	解雇反対	八	四	｜	五	二	｜
	復職要求	四	｜	｜	四	｜	｜
	解雇手当要求	二	｜	｜	一	｜	｜
	賃銀仕払要求	一一	六	一二	｜	四	一
	待遇条件維持	一一	五	七	二	｜	｜
	賃銀値下反対	一四	五	二一	六	｜	七

計	其ノ他 内地人監督排斥	其ノ他 業主ニ対スル感情疎隔	其ノ他 其ノ他	其ノ他 計	合計
五〇	一一	三	二	一六	一〇七
二〇	四	四	三	一一	四五
四〇	三	二	一	六	五九
一八	五	二	一	八	四九
六	二	二	－	四	一五
八	－	二	－	二	一七

(三) 労働争議累年結果別調

年別＼結果別	要求貫徹	妥協	拒絶	自然消滅	計
大正九年	三二	三	一二	四	五一
〃十年	九	七	一二	三	三一
〃十一年	七	一	一五	－	二三
〃十二年	四	四	三	三	一四

大正十三年	六	一	六	一	一四
〃 十四年	四	三	一一	-	一八
〃 十五年 昭和元年	一〇	一	一五	-	二六
昭和二年	一三	一四	三二	一〇	六九
〃 三年	一八	二七	三九	二三	一〇七
〃 四年	七	八	一一	一九	四五
〃 五年	一七	一九	一九	四	五九

第二編 出版警察（新聞紙及出版物ノ取締）

第一節 発行許可制度

（明治三三、律令第二号、台湾新聞紙令
〃 三三、府令第一九号、台湾出版規則）

新聞紙ノ発行ニ付テハ當初ヨリ許可主義ヲ採レリ蓋シ多数新附ノ愚民族ヲ包擁シ殊ニ本島人ノ文化猶ホ低ク未タ新聞記事ヲ理解セサル者多キノミナラス本島人中往々矯激ノ思想ヲ抱持スルモノアリ対岸支那ノ思想及政情ニ対シ敏感ナル現在ノ島情ヲ以テシテハ未タ自由発行ヲ許スヘキ時期ニ非ス、而シテ新聞紙発行許可ノ方針ハ新聞紙過剰ニ基ク競争（経営難）ノ結果一部島民ノ感情ニ迎合セムカ為メ面白カラサル論述ヲ試ミル等依テ島民ヲ誤ランコトヲ慮リ大体需給ノ関係ヲ考ヘ濫許ヲ避クルヲ趣旨トセリ之畢竟民度ノ発達島情ノ変遷ニ順応シテ徐々ニ新聞紙ノ発展ヲ所期スルモノニ外ナラス、

第二節　取次人制度

又発行所ハ島外ナルモ事実上島内ニ於ケル発売頒布ヲ主タル目的トスル新聞紙ニ付テハ總督ノ許可ヲ受ケタル取次人ノ取次ニ係ラサルモノヽ移入ヲ禁止スルコトヲ得、

蓋シ本島内ニ発賣頒布スルヲ主タル目的トスルニ拘ラス発行所ヲ島外ニ置クモノヽ多クハ発行所島外ナリトノ形式的理由ヲ以テ本府ノ許可制度ヨリ免レントスルモノニシテ斯ノ種ノ新聞紙ハ取締ノ不便ニ乗シテ動モスレハ有害ナル記事ヲ掲載スル事例尠カラサルヲ以テ取次人制度ハ之カ対策トシテ箇々ノ移入ヲ禁止シ取次人ヘ責任ヲ負ハシメ之ヲ取締ルコトニ依リ目的ヲ

達セントスルモノニシテ已ムヲ得サル制度ナリ現ニ此ノ制度ニ依リ取次人ニ依ル移入ヲ許可セル新聞紙ハ台湾パツクハ神戸内地人発行一ノミナリ、

第三節　発売頒布禁止処分ノ方針

概ネ内務省ノ標準ト一致セシムルモ台湾特殊ノ事情ニ基キ特ニ発売頒布ヲ禁止スヘキ場合アリ即チ左ノ如シ

(イ)内地人ト台湾人トノ融和ヲ害スルモノ

(ロ)台湾ノ独立ヲ慫慂スルモノ

(ハ)民族意識ヲ唆ルモノ

(ニ)施政ニ付悪宣伝ヲ為シ民度低キ島民ヲ惑ハス虞アルモノ

(ホ)総督ヲ誹謗シ其ノ威信ヲ失墜スルモノ

第四節　一般出版物ノ取締

自由発行（届出納本ノミ）ヲ認ム

取締殊ニ発売頒布禁止処分ノ方針ハ新聞紙ニ於ケルト同シ

(イ) 島内発行新聞紙数　（昭和五年末）

日刊	週刊	半月刊	月刊	隔月刊	計
（電通ヲ含ム）五	七	三	一三	二	三〇

註 一、右ノ内純本島人経営ノモノ週刊二（台湾新民報 昭和新報）

二、学術技藝、統計、法令、廣告又ハ物價報告等ノミヲ記載スル新聞紙ハ出版規則ニ依リ出版スルコトヲ得ルモノニシテ其ノ種類一七二ヲ算ス

三、内地ヨリ移入スル新聞紙約七〇〇種

四、輸入新聞紙二五〇種（内支那約一六〇種其他九〇種）

(ロ) 新聞紙発売頒布禁止処分件数

種別＼年別	昭和元年	昭和二年	昭和三年	昭和四年	昭和五年
島内新聞紙	四	八	七	二四	四七
内地新聞紙	一四一	三九〇	三八〇	四七〇	五四五
支那新聞紙	九〇	一、三〇〇	一、五九一	八九四	四九三
計	二三五	一、六九八	一、九七八	一、三八八	一〇八五

(ハ) 島内発行新聞紙発売頒布禁止内訳（自昭和元年至同五年）

刊別（日刊・週刊・旬刊・月刊）	新聞名	創刊後ノ年数	経営者	発行部数（見込）	発売頒布禁止レタル度数
日刊	台湾日日新報	三三	株式会社 社長河村徹	二三、〇〇〇	八
〃	台湾新聞	三〇	〃 社長松岡富雄	一二、〇〇〇	一一
〃	台南新報	三二	〃 社長富地近思	一八、〇〇〇	六

別	新聞名	創刊後年数	経営者	発行部数（見込）	発売頒布禁止タル度数
日刊	東台湾新報	一五	株式会社 社長 梅野清太	一、五〇〇	四
週刊	台湾経世新報	一五	個人 稲垣孫兵衛	四、五〇〇	一二
〃	南日本新報	一五	〃 吉川利一	三、五〇〇	三
〃	新高新報	一五	和泉種次郎 外合資三名	四、三〇〇	六
〃	南瀛新報	三	個人 関善之助	三、七〇〇	三
〃	台湾新民報	四	社長 林献堂	六、五〇〇	二四
〃	昭和新報	三	株式会社 専務 徐乃庚	三、九〇〇	、

（二）新聞紙一覧

別（日刊 週刊 月刊）	新聞名	創刊後年数	経営者	発行部数（見込）	発売頒布禁止タル度数
日刊	台湾日日新報	三三	株式会社 社長 河村徹	二三、〇〇〇	八
〃	台湾新聞	三〇	〃 社長 松岡富雄	一二、〇〇〇	一一
〃	台南新報	三二	〃 社長 富地近思	一八、〇〇〇	六

〃	東台湾新報	一五	〃社長 梅野清太	一、五〇〇	四
〃	日本電報	一一	〃 中島喜一	五〇	
週刊	台湾経世新報	一五	個人 藤垣孫兵衛	四、五〇〇	一二
〃	南日本新報	一五	〃 吉川利一	三、五〇〇	三
〃	新高新報	一五	和泉種次郎外合資三名	四、三〇〇	六
〃	南瀛新報	三	個人 関善之助	三、七〇〇	三
〃	昭和新報	三	株式会社専務 徐乃庚	三、九〇〇	
〃	台湾新民報	四	〃社長 林献堂	六、五〇〇	二四
〃	台湾通信	四	個人 田中一二	一三〇	
半月刊	台湾警察時報	一四	台湾警察協会	七、五〇〇	
〃	専売通信	八	専売局	四、〇〇〇	
〃	青果時報	五	青果物同業組合聯合会	八〇〇	

月刊	台湾實業界	二	個人 宮川次郎	三、〇〇〇
〃	台法月報	二二	法務課	一、五〇〇
〃	台湾時報	一二	台湾総督府	二、三〇〇
〃	台湾教育	一一	台湾教育会	六、〇〇〇
〃	台湾鉄道	一一	台湾鉄道部	三、〇〇〇
〃	台湾逓信協会雑誌	二一	台湾逓信協会	一、一〇〇
〃	台湾農事報	九	台湾農友会	一、八〇〇
〃	警友	八	新竹州警察文庫	一、二〇〇
〃	向陽	八	台中州内向陽会	一、三五〇
〃	まこと	八	財団法人台湾三成協会	一、四〇〇
〃	台湾山林会報	三	台湾山林会	一、三五〇
〃	社会事業の友	三	文教局社会課	一、六〇〇

〃	隔月刊	〃
台湾消防	台湾之産業組合	高雄州時報
二	六	三
台湾消防協会	台湾産業組合協会	高雄州
一、三〇〇	八六〇	一四〇〇

(ホ) 出版物発売頒布禁止処分数

種別／年別	昭和元年	昭和二年	昭和三年	昭和四年	昭和五年
島内出版物	六八	三六	九六	六八	二一
内地出版物	一四四	一〇四	三八〇	三六三	二四〇
支那出版物	一五四	一一、〇九五	二八七	三四九	三六九
計	三六六	一二、二六七	七六三	七八〇	六三〇

第三編　外事警察

第一章　中華民國領事館設置問題ノ沿革及其ノ影響

第一節　沿革

明治三十年七月臺灣ニ支那領事館設置ノ風評アリタルニ依リ臺灣總督ヨリ時ノ拓殖務大臣ニ該風評ノ如キ豫定アリトセバ統治上面白カラサル故反對ナル旨表明シタルニ同年九月拓殖務大臣ヨリ領事館設置ニ依リ統治上面白カラサル結果ヲ來ストテ領事館設置ヲ拒否スルハ臺灣統治ノ能力ナキコトヲ表明スルカ如キモノニシテ首肯シ難シ承
63、認ノ外ナシトノ申進アリ臺灣總督ハ生來ノ

臺灣人ヲ領事ニ任命シタルトキ政府ニ於テ拒絶スヘキコトヲ條件トシテ之ヲ承認シタルコトアリ

第二節　最近ニ於ケル領事館設置問題

大正十五年八、九月頃在臺中華国民ヨリ本国政府（北方）ニ對シ臺灣ニ領事館設置方請願シタル模様ニテ同年十一月北京僑務局員施文杞ナル者来臺中華會館幹部ト領事館設置問題ヲ協議シタルコトアリ

昭和二年二月臺北市在住中華民国人高鴻銘ナル者臺灣商工銀行ニ對シ中国領事館設置ノ暁ニハ同銀行所有ノ臺北市太平

町ノ建物ヲ借用シ度キ旨申込ミタルモ同銀行ニテ之ヲ拒絶セルコトアリ
同年末臺灣ニ中華領事館設置ニ関スル新聞記事ニ對シ本府ヨリ外務省ニ照會シタルニ對シ外務省ヨリ「中華民國政府ヨリ同國駐在本邦公使ニ對シ臺北ニ支那領事館ヲ設置シ度キ旨申出アリ外務省ハ之ニ對シ神戸總領事館ノ分館又ハ出張所トシテ認ムルモ差支ナキ旨非公式ニ回答シタルニ先方ニ之ヲ容レタリ」トテ回答旁々本府ノ意見ヲ求メ来レルコトアリ本府ハ之ニ反對シ其ノ後當時ノ總務長官上京ノ際外務次官ニ對

シ臺灣在留中華国民ノ大部分ハ無智ノ労働者ニシテ民族ヲ同シウスル本島民中民族自決主義ヲ標榜スル一派ト策應シ統治上面白カラサル結果ヲ招来スル虞アルヲ以テ臺灣ニ中華民國領事館ヲ設置スルコトニ反對ナル旨屢述シ外務次官ハ既ニ非公式承認ヲ與ヘタル後ナレバ考慮ノ余地ナキコト領事館員カ不法ノ行動ヲ為ストキハ警察力等ニテ大々處置シ得ヘキカ故ニ差支ナカルヘシト主張セラレタルモ總務長官ハ右意見ヲ反覆陳述シタルコトアリ

昭和四年八月臺北及臺南ニ中華民國領

65

館ヲ設置シ度キ旨本邦駐在同國公使ヨリ外務大臣ニ申入レアリ九月二日拓務次官ヨリ右承認差支ナシト思フモ本府ノ意見如何トノ照會アリ本府ハ十一月生来ノ臺湾人ヲ領事ニ任命シタルトキニ政府ニ於テ拒絶スルコトヲ條件トシテ臺北ノミノ領事館設置ニ同意ノ旨回答セリ

然ルニ十二月ニ至リ拓務省カ臺北ノミヲ承認スルハ不可ナリト主張スル為メ臺北、臺南ノ両所ニ設置ヲ承認スル旨回答セリ其後中華民國政府ヨリ朝鮮ノ清津及臺北、臺南ニ領事館ヲ設置シ度キ旨申入レアリタルニ對シ

昭和五年二月外務省ヨリ中華民国ノ洮南、
帽児山、鄭州ニ本邦領事館設置ヲ承認セハ
當方モ先方ノ申入レヲ承認スヘキ旨回答
シタルコトアリ
其ノ後五月中華民国ヨリ朝鮮清津ノ領
事任命ノ通知アリタル故外務省ハ曩ニ清
津、臺北、臺南ノ中国領事館設置方照会
ニ對シ洮南、帽児山、鄭州ニ本邦領事館設
置ト交換條件ニ承認スル旨回答シ置キタル
次第ナル故清津領事任命ハ同時ニ本邦ノ
交換條件ヲモ承認セラレタルモノト認メ當方
ニテモ右三ヶ所ニ領事館ヲ設置スヘキ旨申

入レタルニ中國政府ハ公文ノ誤譯アリタル爲メ本邦ノ回答ヲ單純ニ清津、臺北、臺南ノ中國領事館設置ヲ承認シタルモノト誤解シタルト稱シ交渉進展セス、

同年同月中華民國政府ヨリ臺北駐在總領事ヲ派遣スヘキ旨ノ通報アリタルモ當方ニ於テハ承認セサル故ニ中華民國政府ニテ臺北總領事ヲ任命赴任セシムルモ立入リタル接觸ヲセサル様ニセラレ度シト外務省ヨリ本府ニ照會アリ

六月六日中華民國政府ニ於テ臺北總領事ニ林紹楠、副領事ニ袁家達ヲ任命ス

十月八日袁家達来臺シ中華民国外交部華僑調査専員（領事館設置準備）トシテ派遣セラレタリトテ同月九日總督ヲ訪問シ非公式ニ「領事館設置ニ付外務省ヨリ通報ナキヤ」ヲ問ヒ總督ヨリ「事ハ外務省ノ管掌事項ニ係リ又通報ナシ」ト答ヘタルニ其儘辞去シ八日臺北市中華會館ノ歡迎會、十日臺北市ニ於ケル中華民国々慶記念日祝賀會、十四日及十五日両日臺北市ニ於ケル全島華僑大會ニ臨席其他全島枢要都市ニ至リ歡迎會其他（二十日苗栗ニ於ケル華僑歡迎會、二十一日臺中中華會館員及家族ノ歡迎會、十二月一日臺北中華會館ノ送別會、十二月二日基隆中華會館員ノ茶話會等）ニ參列シタルモ表面ハ單ニ領事館設置ニ付キ在臺華僑ノ要望ニ添フ樣努力スヘキ旨述ヘタルニ過キス

十二月三日盛京丸ニテ離台歸國ノ途ニ就キ船中、中華民國モ國内平定シ臺灣ニ領事館設置モ具体化シツツアリ設置ストセハ臺北、臺中、臺南ノ三箇所ニ必要ナリ、經費ハ全部在臺華僑ニ負擔セシムヘキヤ否ヤ未定ナリ等ト語レル外特記スヘキ事項ナシ

第一項　臺北ニ中華民國領事館設置承認

59. 袁家達ハ本島在住自國民ノ状況視察ヲ終ヘ

皈支後國民政府ニ對シ臺灣駐紮領事館急
設ノ必要ヲ報告方說シタルモノナルガ如シ
十二月十七日在本邦中華民國公使汪榮寶幣原
外務大臣ヲ来訪ノ際日支領事館開設ニ関シ
言及シ鄭州ノ日本領事館開館ハ國民政府ニ於
テ異議ナキコト既ニ御承知ノ如クニシテ洮南モ今
回蔣介石、張學良協議ノ結果異議ナキコトト
ナレルモ同地ハ自開商埠地ニシテ多少ノ準備時
日ヲ要スルニ付事情諒承アリ度旨述ヘ尚
洮南ニ就テハ張學良ニ於テ一旦歸奉ノ上
政務委員會等ノ意見ヲ徴スル必要アルヲ
以テ彼是準備ヲ要スル次第ナレバ其ノ期日

ハ本國政府ニ問合スコトトスヘキ旨述ヘ居タル 6、
カ次テ十二月二十日中華民国公使館参事官
江洪杰、谷亜細亜局長ヲ来訪シ洮南ノ開館
ニ付本國政府ニ問合セタル處右ハ準備ノ都
合上暫ク猶豫アリ度ク何レニスルモ長キ時
日ヲ必要トスル譯ニハ非ラサル旨回電アリタリ
就テハ支那側ノ臺北及清津ノ開館ニ付テモ
同意セラレタシト申出タルニ依リ同局長ヨリ
本問題カ主義上一致ヲ見ルニ至リタルハ
同慶ノ至リナルガ之ガ實行ハ差當リ日本
側ハ鄭州ヲ支那側ハ臺北ヲ夫々開館スル
コトトシ清津ハ洮南ガ愈々開館シ得ルニ至

ル際之ヲ開館セラルルコトト致度旨回答セリ
十二月二十七日日支領事館開設ニ関シ差シ
當リ日本ハ鄭州ヲ支那側ハ臺北ヲ開館ス
ルコトニ相談纏リタリ
十二月三十一日在華重光臨時代理公使ヨリ
國民政府王外交部長ニ對シ両國間従来
ノ話合ヲ確ムル意味ニテ左記第一號要旨
ノ覺書ヲ交付シタルニ王部長ハ謝意ヲ表シ
早速領事館員ヲ派遣スヘキ旨述フル所ア
リ一方國民政府任命ノ臺北總領事林紹
楠ハ十二月二十九日挨拶ノ為在南京上村
領事ヲ来訪シ昭和六年一月中旬赴任ノ

豫定ニシテ同行スヘキ主要館員ハ副領事袁家達隨習領事程心益同林國璉ノ三名ナル旨申述ヘタリ

尚林紹楠以下館員ノ略歴等左記第二號記載ノ如シ

（記第一號）

領事館開設問題ニ關シ日本側ハ豫テヨリ帽兒山、洮南、及鄭州ノ三箇所ニ領事館新設ノ希望ヲ有セリ然ルニ帽兒山及洮南ニ於ケル日本領事館開設ニ付テハ中國側ニ困難ナル事情アリタル處王外交部長ハ右困難ノ排除ニ努力スヘキコトヲ言明セラレ殊ニ洮南領事館開設ニ付テハ遠カラス故障ナキニ至ルヘキ見込ナル旨述ヘラレタルニ依リ日本側ハ先ツ中國側ニ於テ最モ希望セラル、臺北領事館ノ開設ヲ承認スルコトトシ之ニ関シ臺灣總督ニ對シ帝國政府ヨリ必要ノ訓令ヲ發スヘキコトヲ承認ス

尚帝國政府ハ中國政府ノ既ニ承認セラレ居ル鄭州ニ於ケル日本領事館開設ヲ見ル樣速ニ處置スヘシ

（記第二號）　館員名簿

本國、中華民國浙江省鄞縣

住所、臺北市永樂町一丁目二十三番地

70

駐臺北中華民国總領事館内

總領事　林　紹楠　別名　顔樹

當四十三年

一、學歷、明治四十三年四月山口高商ヲ卒業ス

大正二年四月明治大學政治経済部ヲ卒業ス

一、経歷、昭和二年外交部國際司第四科長ニ就職ス

仝五年六月外交部ヨリ駐臺北總領事ヲ命セラル

月給　銀一千百元

一、参考、一ト通リ日本語ヲ解シ人物温厚ノ方ニシテ

所謂革命外交家的色彩少シ

本國、中華民國浙江省抗縣

8.

住所、臺北市永樂町一丁目二十三番地

駐臺北中華民國總領事館内

副領事　袁家達

當三十八年

一、學歴　明治三十九年上海聖約翰大學第一學年修了ス

大正二年四月明治大學商學部ヲ卒業ス

一、經歴　仝　五月奉天交涉署ニ勤務ス

山東省即墨縣知事ニ就職ス

仝　濮縣知事ニ轉任ス

朝鮮釜山副領事ニ轉出ス

南京政府外交部亜洲司ニ轉任ス

昭和五年六月駐台北副領事ヲ命セラル　9.

月給　九百八十元

一、参考、相當日本語ヲ解シ日本婦人ヲ妻トス

済南事件ノ交渉員タリシコトアリ

本國、中華民國浙江省寧波縣

住所、臺北市永樂町一丁目二十三番地

駐台北中華民國總領事館内

隨習領事　林　國　珪

當三十四年

一、學歷、大正五年第三高等學校ヲ卒業ス

仝八年帝國大學政治経濟科ヲ卒業ス（東京）

外1.

一、經歷、仝十年浙江省建設廳ニ勤務ス

昭和五年六月駐臺北隨習領事ヲ命セラル
月給 銀 六百元
本国、中華民国安徽省貴縣
住所、臺北市永樂町一丁目二十三番地
駐臺北中華民国總領事館内
隨習領事 程 心 益
當三十四年
一、學歴 大正十年安徽省法政大學ヲ卒業ス
一、経歴 仝 年外交部国際司ニ勤務ス
昭和五年六月駐臺北隨習領事ヲ命セラル
月給 銀 六百元
本国、 中華民国浙江省寧波縣

92.

住所、臺北市永樂町一丁目二十三番地
駐臺北中華民国總領事館内
書記　翁文濤
當三十三年
一、學歴、大正十年上海聖約翰大學ヲ卒業ス
一、経歴、仝十四年奉天交渉署ニ勤務ス
昭和二年外交部ニ勤務ス
仝五年六月駐臺北領事館書記ヲ命セラル
月給銀一百五十元
本国、中華民国浙江省寧波縣
住所、臺北市永樂町一丁目二十三番地
駐臺北中華民国總領事館内

雇　曾　良　秉

當四十四年

一、學歴、大正四年四月日本高等工藝學校ヲ卒業ス

一、経歴、昭和五年六月駐臺北領事館雇ヲ命セラル

月給百五十元

本国中華民国廣東省汕頭市

住所、臺北市永樂町一丁目二十三番地

駐台北中華民国總領事館内

雇　陳　歩　青

當二十六年

一、學歴、昭和二年厦門集美中學ヲ卒業ス

一、経歴、仝五年六月駐臺北中華民国總領事雇ヲ命セラル

93、

月給銀百二十元
本國、中華民國福建省安溪縣
住所、臺北市、永樂町一丁目二十三番地
駐臺北中華民國總領事館内
雇　潘氏湘英
明治四十三年二月十四日生
一、學歴　大正十四年三月臺北市太平公學校ヲ卒業ス
昭和四年廈門集美中學ヲ卒業ス
一、經歴　昭和六年四月駐臺北領事館ニ雇ハル
月給四十円
本籍地、臺北市有明町二丁目四十七番地
住所、右仝、　戸主周秋生　三男

給仕　周　日新

大正元年十月十四日生

一、學歴、昭和二年臺北市竜山公學校ヲ卒業ス

一、経歴、仝二年四月台湾日日新報社給仕

仝六年四月駐台北領事館給仕

月給十五円

本國、中華民國福建省福州城内

住所、臺北市永樂町一丁目二十三番地

駐臺北中華民國總領事館内

コック　陳　道清

當三十年

12、

第二項 領事ノ着任及其ノ状況

一、袁副領事着任及其ノ状況

中華民国領事館設置ヲ承認セラルルヤ副領事ニ任命サレタル袁家達ハ昭和五年十二月二十六日付書面ヲ臺湾中華總会館主席委員林楊川、林梧村ニ寄セ同六年一月十二日上海発便船ニテ先発トシテ渡臺スヘキニ付領事館ニ充ツルニ適當ナル家屋（一ケ月二、三百元）ヲ借入レラレタシト依頼シ来レルモ外交部内ノ手続未了ノ為メ出発ヲ延期シ一月二十六日上海発盛京丸ニテ赴任ノ途ニ就キ三十日隨習領事程心益、仝林国珪書記翁文濤、コツ

外、

タ陳道清同伴基隆ニ上陸セルガ税関桟橋ニハ民國々旗ヲ交叉シ臺北中華會館主席委員代表林楊川外基隆、桃園各地中華公館代表数十名出迎ヘ基隆在住華僑数百名カ税関構外ニ密集敬意ヲ表シ袁副領事ハ中華會館青年團ノ整列ヲ検閲シツヽ悠々基隆中華會館ニ入リ暫時休息午前九時十五分ヨリ同會館主催茶話會ニ臨ミタルカ参集者約五百名ニシテ會ハ

一、振鈴開會

二、参會員一同起立國旗、党旗、孫文肖像ニ對スル三鞠ノ禮

外交、

三、袁家達ノ孫文遺囑朗讀
四、主席陳影帆ノ開會ノ辭
ノ順序ニヨリ始マリ主席團員高伯玉カ「領事館カ斯クモ速カニ開設ヲ見ルニ至リタルハ一ニ袁副領事ノ努力ニヨルモノニシテ在臺華僑ハ今後大ニ自重シ一致團結領事館設置ノ目的達成ニ努ムヘシ」ト歡迎ノ辭ヲ述ヘタルニ對シ袁家達ハ「昨年十月本島視察歸國後政府ヲ鞭撻セシ結果遂ニ今日領事館ノ設置實現セリ林總領事ハ開館準備完了後來任スル豫定ナリ、本島ニハ日本人、台灣人、

13、

其他各國人在住スルヲ以テ華僑ハ大ニ自重シ相互扶助ノ精神ヲ基礎トシ円満融合克ク中國人ノ体面ヲ保ツベシ」ト述ヘ次テ會館員ノ答辞、閉會辞等アリテ午前十一時「中華民國万歳」ヲ三唱散會セリ

袁家達ハ閉會後別室ニテ新聞記者ニ對シ何モ好ンデ三民主義ヲ唱ヘハセヌカ民國人トシテ此ノ主義ハ立國ノ本義タカラ捨テサセル譯ニユカヌ又是迄民國人労働者ノ本島渡航ハ南國公司ノ御厄介ニナッテ居タカ是カラ旅券ノ取扱居留民ノ保護其他一切

シアゲテ領事ノ手デヤル民國人勞働者ノ渡航取 14、
扱ハ民國人本位ノ中華官吏ガ其ノ衝ニ當ルノカ本當ト思フ云々ト抱負ノ一端ヲ述ヘタリ、而シテ午后二時三十八分基隆駅発列車ニテ總會館役員四名同伴多数支那人ノ見送裡ニ出発午后三時三十分臺北駅着「歡迎中華民國駐台副領事」ト書キタル旗二流及國旗三流紙製小旗三百本ヲ手ニシ駅前ニ参集セル臺北中華會館々員同青年團員小學児童在住支那人約八百名ノ出迎ヲ受ケ會館役員等ト共ニ十六台ノ自動車ヲ列ネ華僑青年團員及同小學児童ヲ先頭ニシ故ラニ本島人街中目抜ノ街路ヲ迂廻通過シ總會館事

務所ニ入リ直ニ同所ニ催サレタル茶話會ニ臨席セリ
茶話會状況ハ基隆中華會館ニ於ケルト殆ト異
ル處ノ無ク午后五時終了ト共ニ亜細亜ホテルニ投
宿翌三十一日當府其他関係方面ノ挨拶廻リヲ
ナシタリ
二、總領事林紹楠ノ着任及其ノ状況
林總領事ハ三月二十七日午后四時五十分基隆入
港福建丸ニテ領事館雇曽良東及領事館
給仕一名ヲ同伴来臺セルカ總領事林紹楠ハ上
陸ニ際シ語リタル要旨左ノ如シ
一、自分ガ領事トシテ採ルヘキ途ハ日支親善ト在
台支那人ノ保護ニアリ

一、支那ニ於ケル関税引上ハ釐金局廃止ニ伴フ減収補填ノ目的ニ出テタルモノニシテ他ニ何等ノ意味モ含マス 15、

一、百噸未満ノ外国船舶出入ヲ禁シタルハ沿海漁業保護上密漁業防止ノ為メナリ

一、外国人入国ニ際シ旅券ヲ必要トスル事ニ決シタルハ昨年十一月ニシテ現在既ニ實施シ又ハ準備ノ為メ遅延シ居ル処モアレト何レ全部ニ實施サル筈ナリ、勿論旅券ハ相互主義ヲ採リ今迄旅券ヲ必要トセサルハ日本人ニ限ラレシカ諸外国ト平等ト為シタルニ過キス従而此間特別ノ意味ナシ

一、支那労働者ノ渡臺ハ南國公司ニ於テ取扱ヒ居ル事ハ豫テ報告ヲ受ケ知悉シ居レト将来如何ナル方法ヲ講スルヤハ研究調査ヲ遂ケタル後ニ非サレハ言明シ難シ

一、在台支那人ノ救済、教育等種々為スヘキ事ハ多々アルモ領事館ノ予算モ少額ニテ今直ニ実施スル能ハス着々調査研究ヲ遂ケ善処スル考ヘナリ

一、第一着手スヘキハ國籍問題ニテ在臺支那人ニ戸籍ノ届出ヲ勵行セシメ届出ヲ怠リ領事館國籍名簿ニ登録無キ者ハ保護セサル筈ナリ、之カ名簿作成整理ニハ相當手数ヲ

要スルカ故各所ニ散在スル中華會館ヲシテ補助セシムルカ領事館直接全部ヲ取扱フカハ決定セサルモ本件ハ直ニ着手スル考ヘナリ 16

林總領事着臺當日ノ歡迎狀況

一、基隆中華會館ニ於ケル狀況

同會館ニ於ケル歡迎狀態、參集者、設備、歡迎ノ辭、領事ノ訓辭等曩ニ袁副領事歡迎會ニ於ケルト大同小異ナルヲ以テ畧ス、只來賓トシテ旧民衆党員（思注）楊慶珍會同シ居タリ

二、基隆ニ於ケル一般狀況

福建丸ハ正午入港ノ豫定ナリシタメ中華會

館員幹部及青年團員、基隆華僑工商会員ノ外組織中ノ基隆中華三山會館幹部及附屬團体、基隆華僑木造物同志會、全金銀細工研究會、臺灣華僑麺線工會員等各團体旗ヲ樹立シ大阪商船會社基隆支店前ノ廣場（樺山總督銅像前）ニ中華會館員及此ノ傘下團体三山會館員及傘下團体約五百名相對シテ歡迎準備ヲ整ヘ居タリシ處本船風波ノ為メ午後四時港外着ノ掲示ヲ為セシタメ午后二時頃一先ツ解散シタリ午後三時ヨリ前記ノ團体續々参集シ来リシカ林總領事ハ駅前船越旅館ニテ少憩ノ後中華會館ニ立寄ル予定ヲ変更シ直ニ中華會館ニ至ルヘク該予定ヲ変更スル計画アリシカバ歓迎場所ヲ樺山總督銅像東側ノ街路ニ変更シ行列ハ前記ノ通リ中華會館三山會館員相對シ堵列シ居タルカ其ノ人員六百名尚本島人二千四、五百名アリ、午後五時林總領事ノ一行基隆税関旅具検査場前ノ埠頭ニ上陸シ通関後前記堵列ニ出迎ヘラレ駅前船越旅館ニ少憩シタル總領事ハ汽車時間切迫セル為メ中華會館ニ立寄ラス直ニ臺北ニ向ハントシタルモ會館員ノ切ナル懇望ニヨリ一行ハ午後五時四十分自動車六臺ニ分乘

19、

シ（福州人ノ歡迎者等ト）中華會館ニ至リ（一場ノ訓話ヲ試ミタル後直ニ市内石牌七十二番地ニ在ル中華三山會館創立事務所ニ向ケ出發セリ

三、基隆中華三山會館ニ於ケル状況

三山會館幹部鄒道蒼、高伯玉、陳殿殿、等百数十名ニ迎ヘラレ入場（二階）シ時間ノ都合ニテ喫茶シタルノミニテ駅ニ自動車ニテ駆ケ付ケタルモ已ニ發車後ナリシヲ以テ其儘臺北方面ノ出迎者ト共ニ午後六時臺北ニ向ケ出發シタリ

三山會ノ設備状況ハ中華会館ト略同様ナリキ

三、臺北駅ニ於ケル歡迎状況

臺北駅着ハ午后五時十七分ノ予定ニテ臺北駅前ニ五十臺ノ自動車ト約二千人ノ歡迎者アリシカ前記ノ理由ニテ全列車ニ乗車シ居ラズ午后六時一分着列車ニモ乗車シ居ラサルヲ以テ何レモ幹部ノ手落チナリトシテ憤慨スルモノ多ク終ニ一同退散セルカ内約百名ハ中華會館ニ四、五十名ハ領事館ニ引揚ケタリ

領事ハ自動車ニテ臺北駅ニ来リシモ歡迎者ナキヲ以テ其ノ儘領事館ニ入レリ

184、

四、總督宛駐臺中華民國總領事ヨリ開館通告

駐臺中華民國總領事ハ領事館事務ヲ三

月二十八日ヨリ開始セル旨公文ヲ以テ總督宛
通知アリタリ
越テ四月六日中華民國總領事館開館式ヲ台
北市永樂町一丁目同領事館内ニ擧行來賓、
地方代表者五十名及在台北華僑ヲ合シテ百
五六十名、内台人ノ參加ナシ、
副領事袁家達ノ発聲ニ依リ一同起立シテ民
國旗、党旗及ヒ孫文ノ遺像ニ向ヒ三鞠躬行禮
ヲ為シ党歌ヲ唱ヒ林紹楠孫文ノ遺囑朗讀
且開館ノ辞ヲ述ヘ直ニ一同立食ノ祝酒ヲ酌
ミ開式後一時間ニシテ午前九時散會セリ
各地方中華會館ニ於テモ臺灣中華總會

館ノ通告ニ基キ各々概略右同断ノ開館祝賀會ヲ催シタリ

五、領事館開館後ニ於ケル主ナル事務ノ概況

(1)、国籍登記事務開始

領事館事務ヲ開始スルヤ第一着手事務トシテ在臺華僑ノ国籍登記ヲ断行セリ

其ノ状況ヲ述フレハ左ノ如シ

領事館先ツ在臺華僑ハ漏レナク國籍登記ノ申請ヲ為スヘキ旨ノ通告ヲ発シ各地方ノ中華會館ニ其ノ事務ヲ代行セシメ五月十八日開始シ六月八日之ヲ終了セルガ登記ヲ為シタル總人員一万三千人ヲ算シ在台華僑ノ約三割弱ナリ

而シテ登記料寫眞代領事館建設基金ヲ合シ金九千百余円ニシテマア期ノ成績ヲ挙クルニ至ラサリキ

登記料ハ一戸ニ付金二十銭ニシテ添付写真代十五銭及ヒ總領事館建設寄附金トシテ満二十歳以上ノ（男女共）者一人毎ニ金一円ヲ納付セシメタリ

国籍登記ノ成績不良ナリシハ前掲費用ノ多額ナルニ基因スルモノナルヘシ

従来国民政府ノ方針トシテ華僑保護ノ意味ニ於テ在外華僑ガ般國諸種ノ企業ヲナス際相當利便ヲ與フルノ政策ヲ採リ居ル関

係ヨリシテ外国人ノ中国国内企業ハ許サレルノ方針ナリ故ニ利害関係上今回ノ支那側ノ国籍登記ニ際シ
本島人ニシテ支那人トシテ登録ヲ為スモノアルヤモ難計特ニ注意ヲ用ヒタリ

20.

(2)、領事館ノ事務執行態度

在臺中華民国領事官ハ低級無智ニシテ領事ノ本質職能ヲ知ラサル大多数在台民国人カ恰モ領事館設置ニ依リ治外法権ヲ有スルカ如キ誤レル観念ノ下ニ領事館ニ持込ム如何ナル些細ナル事件ヲモ直ニ我當局諸官廳ニ交渉抗議ヲ申込ム等其ノ態度執拗ニシテ

克明ナルハ其ノ應答煩瑣ニ堪ヘザルノ感アリ而シテ目下臺華間旅券相互免除並ニ支那労働者取扱人南國公司問題（領事館設置ニ伴フ影響ノ項ニ詳述）等我カ當局ニ對シ交渉中ニシテ根強ク其ノ活動ヲナシツツアリ按スルニ中國領事ノ設置ハ本島統治上ニ及ホス影響深甚ナルモノアリト思料セラルヽヲ以テ其ノ行動ニ関シテハ細心ノ注意ヲ用ヒツツアリ

第三節　支那領事館設置ニ依リ在臺支那人及本島人ニ及ホス影響

第一項　在臺支那人ニ及ホシタル影響

83.

元来領事館設置運動ハ領事館設置ニ依リテ私利ヲ営マントノ野心ヲ抱藏スル一二在留支那人ノ計画スル処ナリシモ之カ實現ニ就テハ在台華僑ノ全般的支持アルニアラサレハ自国政府ヲ動カスコト能ハス、假令全般的支持ヲ得ル能ハサル迄モ少ナクトモ在臺支那人ノ組織スル有力團体ヲ背景トスル必要アル関係上大正十四年本運動開始以来其ノ主ナル策動者ハ常ニ之カ宣傳ヲ怠ラス、殊ニ昨年五月国民政府カ台灣駐在領事トシテ林紹楠以下ノ職員ヲ発表セシ以来、従来左程本問題ニ関心ヲ持タサリシ一般支那人モ漸次之カ成行ニ注意ヲ払フニ至リ昨秋領事館開設準備調査ノ為ナリト称スル袁家達来臺シ全島各地ヲ巡歴スルヤ一般支那人ノ領事館設置希望熱ハ頓ニ高漲シ之カ為メ臺北中華會館汐止支部及桃園中華會館中壢支部ノ設置ヲ見ルニ至リ、本問題ハ一ニ野心家ノ策動ヨリ転シテ在臺支那人ノ全般的希望ニ変スルニ至レリ、然レトモ領事館設置ニ依リテ享受シ得ヘシトスル利益ニ對スル期待ハ各人必スシモ一様ナラス最モ先覚者ヲ以テ任スル中華會館幹部中ニスラ領事ノ本質職能ヲ充分了解スル者少キ状態ナルヲ以テ無智低級ナル一般支那人ハ概ネ過大且ツ不可能ト認メラル、期待ヲ持チ居レルカ今左ニ彼等カ領事ノ駐在ニ依リテ享ケ得ヘシト信シツヽアル事項ノ主ナルモノヲ擧クレハ
一、領事ノ完全ナル保護ニ依リテ支那人ノ地位向上シ萬事本島官憲ノ羈束ヲ受クルコトナシ
二、国民党支部設置ヲ許サレ公然党員トシテノ自由行動ヲ認メラルヘシ
三、府令支那勞働者取締規則廢止サレ自由ニ本島ニ出入スルヲ得ルニ至ルヘシ
四、現在本島ニ出入スル支那勞働者取扱人タル南國公司（府令支那勞働者取締規則ニ依ル指定支那勞働者取扱人）ノ事務ハ當然支那

22

人ノ手ニ依テ取扱フコトヲ得ルニ至ルヘク其ノ年利益金数萬圓ヲ取得スルヲ得ヘシ
五、營業上制限ヲ蒙ルコト無キニ至ルヘシ
六、領事ノ交渉ニ依リテ本島退去等ノ處分ヲ免レ得ヘシ、
七、本島官憲ノ取締ヲ受クルコトナク自由ニ支那人子弟ノ教育施設ヲ為シ得ヘシ
等ナルカ右ハ概ネ在台支那人中重立ツ者ノ期待ナレトモ、
「支那領事館駐在ノ暁ハ我等ハ日本政府ノ束縛ヲ受ケス總テ領事ノ保護ニ依リ本島官憲ニ對シ自由ニ諸要求ヲ為シ得ルニ至ルヘク我等

ト同シ漢民族テアリナカラ日本臣民トシテ取扱ハ 23
ルル臺灣人ノ地位コソ寧口憫レナリ」
トノ謬想ハ在臺一般支那人ノ共通的ニ抱ケル
處ニシテ領事館設置ヲ熱望シタ所以亦
實ニ茲ニ存シタリシモ事理ニ通シ利益打算
ニ敏キ一部ノ者ニアリテハ、
「領事ノ駐在ヲ見ルニ至レハ支那人トシテ正當
ナル権益ハ完全ニ擁護セラルヘキモノナリトテ現在
本島官憲ヨリ受ケツヽアル以上ノ好遇ハ望ミ
得ヘクモアラス、目下ノ支那政府ノ状態ヨリスレハ
領事館ニ要スル費用ノ大部分ハ在臺華僑ノ
負擔ニ歸スヘク結局領事館設置ニ依リテ得ル

モノハ負擔増加ノ外何モノモ無カルヘシレト稱シツツアリ、蓋シ此ハ將來ヲ洞察シ得タル言ト謂フヘキモ在臺華僑約四万五千中無智ノ勞働者三万五千ヲ占メ居ル現状ヨリシテ斯クノ如キ事實ニ近キ洞察ヲ有スルハ一部有識者ニ止リ若シ民國政府ニシテ領事館維持費ノ全部又ハ大部分ヲ在臺支那人ノ抱ケル領事館設置ニ依リテ受ケ得ヘシトスル過大ナル期待ト彼是對照シ聽テ彼等カ幻滅ノ悲哀ヲ感スル時アルノミナラス其ノ當路者ハ領事館維持費ノ徴收ニ多大ノ困難ヲ來スヘキハ現在各中華會館會費納入状況ニ徴スルモ明カナリト云フヲ得ヘシ。

然レトモ現在ニ於ケル在臺支那人ノ大多数ハ領事館設置ニ依リテ享ケ得ヘシト盲信スル過大ナル前掲各事項ノ期待ハ實現ヲ確信シ居ル所ニシテ駐臺領事館設置ニ依リ駐支日本領事ノ如ク領事裁判權ヲ有スルモノト誤信シ従來我カ當局ノ善政ノ恵澤ニ浴シ嚴正ナル法治ノ下ニ惟々トシテ服從シ各々其ノ生業ニ安シ居タリタルカ領事館設置後一般支那人ノ態度一変シ傲慢不遜ニシテ横着トナリ殊ニ本島人ヲ侮蔑嘲弄シ動モスレハ喧嘩ヲ挑ムガ如キ態度ニ出テ増長甚シク其ノ一端ヲ具体的ニ示セバ左記ノ通リニシテ如斯ハ追ヒテ本島

24

人ノ母国観念ニ映スル悪感化ハ寒心スヘキモノアルノミナラス本島統治上ニ及ホス悪影響ハ蓋シ鮮少ナラサルモノアリ、

記

A、南國公司廢止セラレ支那勞働者ノ自由入国ヲ認メラレ且ツ臺華間旅券相互免除セラルヘシ

一、現在支那勞働者が本島ニ出入スルニハ支那労働者取扱人タル南國公司（府令支那勞働者取締規則ニ依ル指定取扱人）ノ事務ハ当然支那人ノ手ニ依リ取扱フコトヲ得ルニ至リ勞働者ハ自由ニ本島ニ出入シ得ヘキモノナリトシテ現在本件ニ対シテハ南京政府外交部

ハ我外務省ニ對シ公文ノ照會交渉アリ當府ニ於テモ對策攻究中ナリ、而シテ中華會館ニ於テハ其ノ前提トシテ對岸重要港及ビ基隆高雄等ニ僑民招待所ナルモノヲ設置支那人臺華旅行者ノ便宜ヲ計ランコトシテ策動中ナリ

二、尚本件ト同時ニ臺華間旅券相互免除ニ関シテモ右同樣交渉中ニ屬ス

註、非勞働者ノ臺灣支那間來往ニ関シテハ本島人ト支那人カ其ノ民族ヲ同フスル関係ヲ有シ統治上彼我身分ヲ明ニスルヲ要スル等ノ特種事情介在シ本島上陸ニ際

シ労働ニ従事セサル支那人取扱内規（大正十年一月内訓示一号）ニ依リ帝国官憲発給ノ証明書又ハ支那官憲発給ノ旅券、護照若シクハ国籍証明書ノ提示ヲ要ス

B、本島官憲ノ羈束ヲ受クルコトナシ

一、警邏中ノ警察官カ臺湾違警例ニ該当スル所為アル支那人ニ對シ説諭ヲ加ヘタルニ之ニ應セス中國人ハ日本帝國ノ支配ヲ受ケスト暴言シ派出所ニ同行セントセルニ居合セタル数名ノ中国人ハ棍棒其他ヲ以テ同巡査ヲ威嚇暴行セントシ應援巡査急行取鎮メタリ

（関係支那人五名諭示退去処分ニ附ス）

一、最近在臺支那人ハ支那人間ノ一般警察事故ヲ領事館ニ隷属ノ形ニアル中華会館ニ於テ処理スルノ傾向濃厚ニシテ中国人間ノ不倫行為ノ取締ヲ為シ双方ヨリ各二円ヲ中華會館ニ納付セシメタル事實アリ、或ハ中国人居宅前道路ニ庇ヲ設ケアルヲ警察官カ発見通行ノ妨害トナルヲ以テ之カ撤去ヲ命シタルニ該中国人ハ直ニ之ヲ中華會館ニ届出同會館員實地調査ヲ為ス等恰モ警察取締ノ圏外ニアルカ如キ行為アリ

一、中国人ハ我カ官憲カ法規ニ依ル厳正ナル執行

26.

又ハ処分ニ對シテモ必ス中華會館ニ事件ヲ持込ミ會館幹部又領事館ニ報告シ領事ハ如何ナル些事ト雖モ我カ官憲ニ交渉ヲ試ミ、ルノ風頗著ニシテ實ニ事務執行上ノ能率ヲ阻止シ且ツ其ノ應答煩ニ堪ヘス

一、不開港場無断入港密輸入嫌疑支那戎克船抑留ニ對シ各地中華會館ニ檄ヲ飛ハシ大會開催決議事項ヲ領事館ニ報告慫慂領事直ニ事件地ニ至リ調査ヲ為ス等在臺支那人ノ氣勢ヲ添ヘ我官憲ニ交渉ヲ試ム

一、支那婦人本島上陸ニ際シ携帯セル貴金属ニ対シ関税法ニ依リ課税シタルニ對シテ納税セス

立チ去リ直ニ中華會館ニ至リ日本税関吏婦人ニ対シノ身体検査ヲ為シ貴金属ヲ没収セリト。事實ヲ捏造シ訴ヘ會館ハ領事ニ報告領事ハ直ニ税関ニ至リ執拗ニ課税ヲ免レンコトヲ交渉セリ

C、臺灣ニ於ケル支那人ノ教育権獲得

在臺支那人子弟教育機関ナク現在日本ノ施設ニ依ル學校ニ於テ教育ヲ受ケツツアルモ支那人ハ支那人ノ施設ニ依ル華僑小、中學校ヲ急設シ自由ニ三民主義ニ準據スル教育ヲ為サヽルヘカラストシテ策動中ナリ

D、中國領事館ノ我カ官憲ノ正當ナル措置ニ對シ

テ敢テ策動又ハ交渉ヲ為シタル事實
一、支那人某ヲ臺灣違警例第一條第一号ニ依リ拘
留七日ノ即決處分ニ附シタルニ對シ袁副領
事ハ當該警察課ニ出頭其ノ事由説明及釈
放方ヲ交渉セルモ拒絶セリ
一、支那人車夫日本婦人ヲ同伴密渡航セントセシヲ
警察官発見検挙シタルニ對シ中華會館策動
領事ヲシテ當局ニ交渉セシム
一、潮州ニ於ケル支那人被害事件ニ對シテモ直ニ
随習領事ヲ現地ニ派遣調査セシメ副領事
亦慰問視察ニ名ヲ藉リ同地方ニ出張殊更ニ
事件ヲ重大問題化シ且本件ニ對シ事實ヲ

附加捏造シタル公文ヲ以テ總督宛照會越シ外交問題化セント試ミタルヲ以テ照會ノ内容事實ニ相違セルヲ反駁一蹴セリ

第二項　本島人並ニ本島人左傾思想抱懷者ニ及ホシタル影響

本島四百六十万人中其ノ九割余ヲ占ムル所謂本島人ハ閩粤兩族ニ屬シ本島ニ渡來スル支那人トハ同種同族ノ間柄ナルモ領臺以來多年我カ善政ノ惠澤ニ浴シ世界列強ノ一タル帝國臣民タルヲ誇リトシ行住座臥努メテ内地人ノ風習ニ倣ハントシシツヽアリシカハ從テ同族タル支那人ニ對スル態度モ頗ル冷カニシテ寧ロ之ヲ蔑視スルノ風アリシモ

28.

欧洲戰後世界思潮大急変ノ影響ハ斯クモ純朴ナリシ本島人ノ気風ヲ根本的ニ破壊シ去リ、民族意識ハ著シク濃厚トナリ祖国支那ニ対スル憧憬ト追慕ノ念ハ年ヲ遂フテ加ハリ以前ハ路傍ノ草トシテ顧ミザリシ支那人ニ接近シ支那人ハ本島人ニ親近ヲ求ムルノ状態ニアルヲ以テ支那領事館設置ノ報傳ハルヤ本島人ハ概ネ好感ヲ以テ之ヲ迎ヘ支那領事館ノ設置ハ臺支親善ニ資スル處多カルヘシト為シツヽアリ、殊ニ本島民族運動團体タル旧臺湾民衆党員等民族観念強キモノニ至リテハ支那人ノ権益伸張福利増進ハ即チ同族タル我等本島人ノ繁先ナリトシテ恰モ我カ事ノ如ク欣ヒツヽアリテ昨秋袁家達来臺シ各地方中華會館ヲ視察スルヤ、桃園、苗栗、高雄、宜蘭、基隆等ニ在住スル民族主義者等カ自ラ求メテ其ノ歓迎會ニ出席セシカ如キハ其ノ一例示ナルカ就中最モ強烈ナル民族主義者ニシテ且ツ旧臺湾民衆党ノ首領タリシ蒋渭水（臺北在住本島人、本年死亡）ハ従前ヨリ中華會館トハ親密ナル友誼関係ヲ持續シ事宜ニ依リテハ中華會館其ノ他支那人ノ組織スル團体ヲ自己ノ為シツヽアル民族運動ノ具ニ供セントシツヽアリタル者ナルカ昨秋袁家達来臺シ領事館設置問題好轉スルト見ルヤ早クモ他日ノ連絡ニ備フル

29.

為メカ昭和五年十一月三十日袁家達ヲ其ノ旅館ニ訪ヒ長時間ニ亘ル密談ヲナシ又同日袁家達ハ蒋渭水ヲ其ノ自宅ニ訪レタル事實アリテ其際蒋ハ袁ニ対シ「日本政府ノ支那人及臺灣人ニ對スル壓迫政治ニ對シテハ自分モ漢民族ノ一分子トシテ憤慨ニ堪ヘサル処ナルヲ以テ之ニ對スル反抗運動ヲ續クルコト今日迄十数年ニ及ヘリトテ本島統治ノ状況ヲ詳述シテ之ニ痛罵ヲ加ヘタル后貴殿歸國ノ上祖國政府ニ臺灣事情ヲ報告セラルヽニ當リテハ此ノ点ニ就テモ充分報告セラレ以テ政府要路者ノ参考ニ資セラレタシ」

ト語リタリトノ聞ヘアリ又蒋渭水ノ弟ニシテ兄ト

同様ナル思想ヲ懐ク蒋渭川ハ總商會名義ヲ以テ表ヲ料亭江山樓ニ招待セル事實モアリ此等ノ事實並ニ本島民族運動ノ現況ニ鑑ミルニ支那領事館開設ノ暁ハ斯種民族主義ヲ抱持スル輩ノ機ヲ見テ之ニ接近スヘキハ略察知スルニ難カラサル處ナリ、然ルニ説ヲ為ス者アリテ「支那國民政府ハ共産主義運動ニ對シテハ極端ナル取締ヲ實行シツツアレハ假令支那領事館設置セラルルトモ本島左傾分子ト結合スル等ノ虞レ無ク寧ロ之カ取締上好都合ナルヘシ」ト称スルモ此ハ本島思想界ノ片面ヲ知リテ其ノ全般ヲ知ラサル皮相ノ観察ニシテ共産主義運動固ヨリ大イニ

89.

警戒セサルヘカラサルモ民族思想ノ彌漫亦本島統治ニ影響スル處極メテ大ナルモノアルヲ思ハサルモノナリ、三民主義ヲ立國ノ基調トスル國民政府ノ延長タル支那領事館ノ本島ニ出現スルハ同一主義ヲ奉スル左傾本島人ノ活躍上多大ノ便宜トナルヘキハ自ラ明カナルヲ以テ之カ取締ニ就テハ相當注意ヲ要スルモノアルヘク又領事館設置後之ニ對スル本島官憲ノ措置並ニ支那人ニ對スル取扱ノ適否ハ本島民心ニ影響スル處甚大ナルモノアルヘキヲ以テ之ニ對スル用意亦肝要ナリト信ス

第三項、本島住民ノ言動

一、本島左傾者ノ言動

(1)、過去三十年間蹂躙サレタルモノカ中国領事 31
館設置ニ依リテ人格ヲ認メラルヽモノナリ内地
人ノミナラズ本島人モ中国人ヲ軽視スルハ慨嘆
ニ堪ヘズ

(2)、中國ニ於ケル日本領事ハ裁判権ト警察権ヲ
有スルカ之ヲ中國領事ニ附與スルヤ否ヤ本島
人有識者間ニ話題ニナリ居レリ

(3)、華僑領事館設置運動ハ差別待遇ヨリ
脱レ一等国民タラントスルモノニシテ又民族自
決上當然ノコトナリ
華僑ハ吾人ノ祖国人ナレバ其発展ハ吾人ノ発
展ニシテ同慶ニ堪ヘズ

(4)、中華民国ノ臺湾ニ領事館ノ設置ハ全国ノ
國力充實ノ証タリ
二、一般本島人側ノ言動ヲ綜合セハ
(1)、中流以下ノ者ハ無関心者多キモ中流以上ハ
民族的観念ヨリ之ヲ喜ヒ之ニ依リ中国人ハ
面目ヲ施シタリ
将来漸時日本政府ト交渉シ種々ノ事件ヲ
解決セラルヘシト中国人ト略ミ同一ノ感アルモノ
多シ
三、一般内地人側ノ言動ヲ綜合セバ
(1)、領事館設置ハ近来中国ガ日本ノ中国ニ於
ケル権益ヲ漸次回收セント交渉セル等ヲ聞

知シ増長シタル結果ニシテ民族的意識ノ高潮ナレハ憂慮スヘキコトナリ、将来對華僑問題簇出スヘシ、深甚ノ注意ヲ要ス、

又此ノ結果中国人多数渡来シ内地人商工労働者ハ壓倒セラルルナラン

32

第二章 支那労働者取締（附支那労働者取締規則）

第一節 支那労働者入島許可沿革

領台当時	明治三十一年以降	明治三十二年以降	明治三十七年以降現在迄
全然支那労	茶工券規則ニ	清国労働者	支那労働者取
働者ノ上陸ヲ	依リ茶工ノミノ	取締規則ニ依	締規則ニ依リ左記
禁止ス	入島ヲ許可スリ	総テノ支那	労働ニ従事スル労働者

人労働者ノ入島ニ限リ入島ヲ許可ス
島ヲ許可ス

農業、漁業、鉱業
土木建築、製造、運
搬、輓車、仲仕、雑役

第二節 現行制度ノ概要

一、支那労働者ノ取扱ハ許可ヲ受ケタル者ニ非サレハ之ヲ為スコトヲ得ス現在南国公司ノミナリ

二、支那労働者本島ニ於テ労働ニ従事スルニハ左ノ條件ヲ具備スルヲ要ス

(イ)、許可ヲ受ケタル支那労働者取扱人ノ発給セル渡航証明書ヲ所持シ

(ロ)渡航証明書ニ記載シタル港ニ上陸シ
(ハ)所轄警察官署ノ上陸許可書ヲ受ケ
(ニ)常時上陸許可書ヲ携帯スルヲ要ス
三、公安、風俗ヲ害スル者ニ對シテハ知事廳長ニ於テ
退去ヲ命ス
四、左記ニ該當スルトキハ五十円以下ノ罰金ニ處ス
(イ)渡航証明書ニ記載シタル以外ノ地点ニ上陸シタルトキ
(ロ)上陸許可書ヲ携帯セサルトキ
(ハ)退去命令ヲ受ケ一ケ月内ニ退去セサルトキ

第三節　支那労働者ノ現況

由来本國ハ其ノ地理的、民族的関係ヨリ支那労働者ノ
渡来スルモノ多ク其ノ数ハ支那ノ擾乱、豊凶、銀價ノ騰落、

本島事業界ノ景況等ニ依リ増減アルモ最近数年間ハ大体ニ於テ年々其ノ数ヲ増シツツアリ、本年上半期ニハ六千四百五十三名ノ上陸ヲ見タリ　蓋シ銀價暴落ト支那ノ兵乱匪害ニ基因スルモノナリ　明治三十七年以来ノ支那労働者ノ渡来帰還ノ状況左ノ如シ

而シテ在留支那労働者總数ハ昭和五年末現在三萬九千余人　内最モ多数ヲ占ムルモノハ雑役夫ニシテ大工、縫工、車夫、理髪職等順次之ニ亜ク（詳細別表参照）　尚ホ之等労働者ノ團体二十余、團員千六百余名アリ又若干名ハ本島人團体ニ加入シツヽアリ相當注意ヲ要ス

第四節　本島労働者ニ及ホス影響

彼等ハ生活程度極メテ低ク勤勉ニシテ貯蓄心ニ富ミ低廉ナル労銀ニ甘ンシテ辛苦ニ堪ヘ而カモ柔順ナルヲ以テ漸次本島人労働者ノ地歩ヲ侵蝕シツヽアリ相當注意ヲ要ス

34

第五節 中華會館及附属團体並ニ其他ノ華僑団体

總會館 一

地方會館 一九

臺北、基隆、宜蘭、桃園、淡水、
汐止、苗栗、台中、彰化、埔里
嘉義、斗六、北港、臺南、高雄
旗山、屏東、臺東、花蓮港

文部 七

分館 四

附属青年団　三
華僑商工団　二四
基隆華僑三山会　一
會　員　　二一、九三六（昭和六年八月末現在）
労働者ニ非サル支那人ハ最近出入共ニ増加セルモ在留スル者最近五年間格別ノ増減ナキモ昨年、一、五〇九名ノ増加ヲ示シ昭和五年末現在二一、八三三人アリ
而シテ大正十二年中在留有職支那人有志発起トナリ文化協會幹部斡旋ノ下ニ臺中中華会館ヲ設置セルヲ始メトシテ全島枢要都市ニ會館ヲ増設シ昭和二年民衆党蒋渭水、援助ニ依リ臺北ニ中華總會館ヲ設ケ最近國民党中央党部附置僑

務中央委員會ヲ通シテ國民政府ト聯絡ヲ保チ曩ニ南京ニ於テ行ハレタル孫文移靈祭ニ代表ヲ派シ同地ニ開カレタル華僑大會ニ代表二名ヲ派シ在台支那人カ日本政府ノ苛政壓迫ニ苦シミツヽアルカ如ク訴ヘ臺灣ニ支那領事館設置ヲ要請シタル爲國民政府モ之ニ動カサレテ吾外務當局ニ交渉ヲ始ムルニ至レリ

（其ノ經過ニ付テハ第一章中華民國領事館設置問題沿革參照）

如斯會館設置ノ眞ノ目的ハ在臺支那人ノ權益ヲ擁護スルニ在ルコト瞭カナルヲ以テ今後不穩ノ運動ヲ起スコトナキヲ保セス

（註）會館ハ規程上労働者モ加盟シ得ルモ會費関係等ニテ労働者ニシテ加盟シ居ル者ハ極メテ寥々タリ

（イ）、支那労働者上陸皈還者数
（労働者取扱人南国公司取扱ニ係ハルモノ）

年別＼区分	上陸者数	皈還者数	残留者数
明治三十七年	四、七一四人	二、三三三人	二、三八一人
仝　三十八年	四、四八二〃	三、九一〇〃	五七二〃
仝　三十九年	四、七七一〃	三、四九五〃	一、二七六〃
仝　四十年	四、七〇〇〃	四、一七〇〃	五三〇〃
仝　四十一年	四、九五六〃	四、二六七〃	六八九〃
仝　四十二年	五、八七八〃	四、一六八〃	一、七一〇〃
仝　四十三年	六、五三九〃	四、八四六〃	一、六九三〃

明治四十四年	六、〇七八人	四、六二二人	一、四五六人
仝四十五年 大正元年	六、九七二〃	五、二九〇〃	一、六八二〃
大正二年	六、八三七〃	六、〇五〇〃	七八七〃
仝 三年	六、〇八〇〃	五、七三六〃	三四四〃
仝 四年	六、七一八〃	六、三二三〃	三九五〃
仝 五年	六、〇九二〃	五、八七六〃	二一六〃
仝 六年	六、六五七〃	五、〇五六〃	一、六〇一〃
仝 七年	七、六三六〃	六、三三九〃	一、二九七〃
仝 八年	六、五九五〃	五、一七二〃	一、四二三〃
仝 九年	七、六九三〃	五、三一二〃	二、四八一〃
仝 十年	一二、九五四〃	七、八九二〃	四、〇六二〃
仝 十一年	八、三八六〃	七、六四五〃	七四一〃

26

大正十二年	七、二三二人	六、五六五人	六六七人
仝十三年	六、八一九〃	六、五四四〃	二七五〃
仝十四年	七、一六三〃	五、三二二〃	一、八四一〃
仝十五年 昭和元年	八、四四七〃	六、三四六〃	二、一〇一〃
昭和二年	九、三一三〃	七、五四〇〃	一、七七三〃
仝三年	一〇、三七一〃	七、八三三〃	二、五三八〃
仝四年	一〇、八九五〃	九、〇三一〃	一、八六四
仝五年	一二、三九二〃	九、七三七〃	二、六五五
合計	一九六、三七〇人	一五七、三二〇人	三九、〇五〇人

備考

本表ハ支那勞働者取扱人南國公司ニ於テ勞働者トシテ取扱ヒタル本島上陸者歸還者數ヲ計

算シタルモノニシテ本島上陸後労働以外ノ労務ニ転シタルモノ非労働者トシテ上陸セルモ其ノ後労働者ニ転稼セル者及死亡セル者南國公司ノ手ヲ経ス皈还セル者等ノ数ハ計算ナキヲ以テ本表ニ於テ残留者トシテ掲載セル数字ハ實際本島ニ在留スル支那労働者数トハ一致セサルモ略、其ノ実数ニ近キモノナリ

昭和五年四月末現在在留労働者数　三四、四六人

(ロ)、在留支那労働者職業別数

(昭和五年四月末島内一斉調査)

職業別	人員
雑役苦力	五、一九二人
飲食物行商	一、二四八人

37.

大工	三、三〇三人	靴工	一、二四五人
裁縫職（洋支、台）	三、〇九五〃	料理職	一、二二四〃
人力車夫	一、六五四〃	石炭運搬夫	九五九〃
理髪職	一、四九六〃	茶工	九〇六〃
坑夫	一、二五二〃	金銀細工職	八〇七〃
棕櫚細工職	六七七〃	鍛冶職	五一四〃
綿打職工	六〇八〃	靴、洋傘、鍋金修理	五〇八〃
商店員	五八〇〃	其他	八、六三五〃
指物職	五五九〃	計	三四、四六二人

備考、其ノ他ノ業種細別ハ百五十二ニ及ブヲ以テ全部ノ業種ハ百六十八種ナリ

(八). 在留支那勞働者郷土別数

省別	戸数	人口 男	人口 女	人口 計
福建省	七、七四三戸	一九、四八五人	七、七五五人	二七、二四〇人
浙江省	四六八〃	二、八六四〃	一二五〃	二、九八九〃
廣東省	七二〇〃	一、九六五〃	六六五〃	二、六三〇〃
江西省	二六六〃	一、〇六三〃	五三〃	一、一一六〃
山東省	五五〃	二〇四〃	六〃	二一〇〃
江蘇省	二六〃	一四七〃	三三〃	一八〇〃
湖南省	四〃	二一〃	五〃	二六〃
直隷省	四〃	一七〃	三〃	二〇〃
安徽省	三〃	一四〃		一四〃
廣西省	四〃	一三〃		一三〃

38

江南省	一戸	九人	-	九人
遼寧省	-	二〃	一〃	三〃
河北省	-	二〃	-	二〃
天津省	-	一〃	-	一〃
雲南省	一〃	五〃	-	五〃
計	九、二九五戸	二五、八二二人	八、六四六人	三四、四六二人

第三章 臺灣在留禁止處分

（律令台湾保安規則）

本規則ハ浮浪者取締ニ相對シ内地人及外国人ノ公安ヲ害スルモノヲ取締ラントスルモノニシテ即チ知事、廳長ハ第一次ニ定住、定職ナキ浮浪者若ハ不穩ノ言論所為アル者等ニ對シ訓戒命令ヲ発シ二回以上引續キ豫戒命令ヲ受ケ其ノ行為ヲ改メサル者ニ對シ第二次的ニ之ヲ行フモノト豫戒命令ヲ発スルコトナク治安ヲ防害シ若ハ風俗ヲ壊乱セントスル者ニ對シ直ニ行フモノトアリ、處分ハ一年以上三年以下臺湾ノ在住ヲ禁止シ之等ノ者ハ十五日以内ニ島外ニ退去スルヲ要スルモノナリ

保安規則発布以来之カ適用ヲ受ケタル者ノ数別表ノ如クニシテ近年殆ント其ノ適用ヲ見ス然レトモ本島ニハ未タ蒙昧ナル生蕃人アル外一葦帯水ヲ以テ擾乱ヲ事トスル支那國アリ又過渡期ニ於ケル一部島民ノ思想健實ナラサルカ故ニ本規則ハ尚傳家ノ寶刀トシテ存置スルノ必要アリ、

37

(イ)、豫戒命令處分件數

自明治三十四年至大正元年	四四
自大正二年至〃七年	六
大正八年以降	
計	五〇

(ロ)、退去命令處分件數

自明治三十四年至大正元年	一三二
自大正二年至〃十年	一九
大正十一年以降	
計	一五一

昭和七年一月

南支那
及南洋
施設費豫算説明資料

文教局學務課

目次

第一　南支那ニ於ケル當府ト關係アル教育施設

一　概況

對岸南支那及南洋ニ於ケル當府ト關係ヲ有スル教育施設ハ臺灣籍民子弟教育機關ト内地人子弟教育機關トノ二者アリ

臺灣籍民ノ初等普通教育機關トシテ福州ニ東瀛學校、厦門ニ旭瀛書院及其ノ分院三箇所、汕頭ニ東瀛學校アリテ何レモ臺灣公會又ハ日本居留民會ノ設立ニ係リ其ノ教員ハ當府ヨリ派遣シ又經常費、臨時費ノ一部ヲ補助シ開校以來何レモ相當ノ時日ヲ經過シ校運漸次隆盛ニ赴キツツアリ

内地人教育機關タル小學校ニシテ當府ト關係ヲ有スルモノハ福州、厦門、汕頭及廣東ニ各一校アリ何レモ

所在日本居留民會ノ設立ニ係リ當府ヨリ教員ヲ派遣シ経常費、臨時費ノ一部ヲ補助シ来レリ

二　籍民教育ノ状況

福建省及廣東省ノ一部地方即チ對岸ト本島トハ古来政治上、経済上ハ勿論諸般ノ事項ニ亘リテ密接ナル関係ヲ有シ現時ニ於テモ本島人ニシテ對岸ニ居住シ各種生業ニ從事スル者尠カラズサレバ本島改隷以来當府ハ對岸支那ニ對シ施設シタル事業一再ニシテ止ラズ中ニモ教育事業ハ明治三十二年ヨリ厦門ニ厦門東亞書院ヲ設立セシメ或ハ本願寺經營ニ係ル泉州彰化學堂其ノ他ニ對シ援助ヲ與フル等漸次其ノ歩ヲ進メントシタルカ支那ノ國情変轉極リ無ク

帝國ノ對外政策亦變動多ク為ニ概ネ數年ニシテ廢絶ニ歸シタリ

爾來本島ノ開發ニ伴ヒ對岸トノ關係一層緊密ヲ加ヘ來レル關係上對岸在留本島籍民ニ對ノ教育ヲ施シ漸次忠良ナル日本國民タラシメ且ツ彼等ヲシテ日支親善ノ基礎ヲ固ムルコトハ對支關係ニ於テ帝國國運ノ伸展上極メテ須要事タルノミナラス本島統治上ニモ好影響ヲ齎ラスモノアルヲ以テ從來ノ實績ニ鑑ミ其ノ地在住ノ本島籍民ヲシテ初等普通教育機關ヲ設ケシムルコトノ最モ適切ニシテ緊要事ナリトシ明治四十一年福州ニ東瀛學堂ヲ同四十三年廈門ニ旭瀛書院ヲ大正四年汕頭ニ東瀛學校ヲ設置セシメ當府ヨリ公學校教員ヲ派遣シタリ

以上ノ三校ハ大体本島公学校教育ノ制度ニ準シ其ノ地方ノ状況ニ應シ斟酌シ加ヘタル学則ヲ設ケ当初ハ本島籍民ノ子弟ニ限リ初等教育ヲ施シ國語ヲ解スル忠良ナル國民ヲ育成スルト同時ニ教化ヲ其ノ父兄等ニ及ホサンコトヲ期シタリ然ルニ右校ノ開始セラルヽヤ本島籍民ノ親族又ハ縁故アル支那人其ノ他一般ノ支那人ノ子弟ニシテ入学ヲ請願スル者尠カラス之等ノ子弟ヲシテ入学セシムルコトハ日支親善ヲ圖ル上ニ於テ效果尠カラサルヘキヲ以テ施設上妨ナキ限リ其ノ入学ヲ許容スルコトヽナレリ爾来支那國ノ教育機関漸次備ハリ英米等ノ諸外國亦教育方面ニ畫策經營ノ歩ヲ進メタルヲ以テ支那人ノ修学熱向上シ更ニ上級ノ教育ヲ要求スルノ趨勢トナリ相当ノ学業ヲ修メタル

者ニシテ本島又ハ内地ニ留学センカ為國語・算術等ノ速成的学修ヲ希望スル者多キヲ加ヘタルニ依リ福州ニ於テハ学修科ヲ、廈門ニ於テハ高等科及特設科ヲ設置スルニ至レリ

以上概況ヲ一括シテ記述シタルカ左ニ各学校別ニ沿革ヲ記載スヘシ

福州東瀛学校

一、位置　福州南臺蒼霞洲

二、設立者　福州臺灣公會

三、沿革

1、書房時代

明治三十三年五月時ノ福州領事豊島捨松ノ勧誘ニ依リ創設セラレタル東瀛會館ハ明治三十八年ニ至リ

時ノ會長野口多内ノ創意ニ依リ南臺河乾衛ノ會館内ニ支那流ノ小學教場ヲ設ケ清國人林姜寿ヲ聘シテ教師トシ生徒九名ニ漢文及官話ノ教授ヲ開始セリ之實ニ本校ノ濫觴ナリ

2. 東瀛學堂時代

明治四十年三月福州在留籍民ハ臺灣籍民及支那人ノ為福州ニ教育機関ヲ設クルノ急務ニ付欠ヘカラサルヲ痛感シ時ノ福州總領事ヲ經テ臺灣總督府ニ對シ教員ノ派遣ヲ請願シタリ依テ翌四十一年三月總督府ハ臺灣公學校教諭三屋大五郎ヲ派遣シ學堂設立ノ任ニ當ラシメ前記東瀛會館内ニ一教室ヲ設ケ、福州東瀛學堂ト稱シ四月九日初メテ授業ヲ開始シ五月三日盛大ナル開堂式ヲ擧行シタリ明治四十四年三月東瀛會館ハ倉前山對湖ノ地ニ購入シテ館址ヲ茲ニ移轉スルヤ本學堂亦此ノ地ニ移レリ斯クテ設備ヲ整ヘ教科ノ改善ヲ圖リタル結果支那人子弟ノ入學志願者モ漸ク多キヲ加ヘタリ

當時本學堂ノ職員ハ教諭一名（總督府派遣内地人）雇一名（總督府派遣内地人）漢文教師一名（支那人）助教二名（本學堂卒業ノ支那人）ニシテ教科目ハ大体臺灣公學校六ヶ年ノ課程ニ準シ當地ノ事情ニ適合スル樣幾分ノ改定ヲ加ヘタリ

3、福州東瀛學校時代（現在）

大正四年四月十一日東瀛會館ハ福州臺灣公會ト改稱シタルヲ以テ本學堂亦同月十五日ヲ以テ福州東瀛學校ト改稱ス

校舎ハ初メ會館内ノ一部ヲ充當シタリシカ狹隘ニシテ内容ヲ判断セントスル支那人ニ在リテハ特ニ之ヲ整備スルノ要アルヲ以テ大正四年度籍民ヨリ七、三一〇弗ヲ醵出シテ南臺蒼霞洲ニ一千餘坪ノ校地ヲ買收シ總督府ノ補助金一〇、〇〇〇圓ヲ得之ニ籍民ノ醵出金一八〇圓ヲ加ヘ大正五年一月二十日校舎新營ノ工ヲ起シ同年十一月二十八日ニ至リ竣功シタルヲ以テ十二月六日新校舎ニ移轉シタリ

大正五年度更ニ補助金一〇、〇〇〇圓ヲ得テ寄宿舎ノ新營ニ着手シ（職員宿舎建築費トシテ五、六〇〇圓寄宿舎建築費トシテ四、〇〇〇圓補助ノモノ）同六年七月竣功 大正七年度ニ於テハ補助金一二、九〇〇圓ヲ得テ倉前山對湖ノ舊趾ニ職員宿舎ヲ新營シタリ尚大正七

四

年度ヨリハ總督府ヨリ學校經常費ノ補助ヲ受ケ
校運漸ク隆盛ノ緒ニ就クヲ得タリ

厦門旭瀛書院

一、位置

本院　厦門城内西庵宮街

小榕林分院　厦門李厝墓小榕林

外清分院　厦門外清保下釋寺街

鼓浪嶼分院　厦門鼓浪嶼和記崎

二、設立者　厦門臺灣公會

三、沿革

明治四十二年十月厦門在留ノ主ナル臺灣在籍者ト籍民
教育機關設置ノ必要ヲ認メ相會シテ有志ノ醵金ニ
依リ臺灣公會ノ事業トシテ臺灣公學校ノ教則ニ準

據シタル學堂ヲ設置シテ子弟ノ教育ヲ施サンコトヲ議シ之ヲ同地ノ領事ニ請願シタリ翌四十三年一月森領事代理ハ臺灣總督府ニ對シ教員ノ派遣ヲ求メ之カ承認ヲ得タリ依テ廈門山仔頂桂洲堆ノ一民屋ヲ租借シテ假校舎ニ充ツルコトトシ同年五月有志八十四名ハ經費負擔ノ件ヲ承認シタリ同月三十日臺灣公學校教諭小竹德吉廈門ヘ派遣ヲ命セラレ六月二十六日旭瀛書院ヲ設立シ八月二十四日四十七名ノ兒童ヲ收容シテ始業式ヲ擧クルニ至レリ

大正二年八月三十一日校舎及職員宿舎ヲ本寸厝墓小榕林ニ移シ次テ増加生徒ノ收容ヲ圖リ臺灣公會事務所亦同時ニ此處ニ移轉シタリ爾來生徒ノ増加ニ伴ヒ小榕林本館ノ外城内、外清及鼓浪嶼ノ三

分院ヲ設ケテ昭和五年二月城内分院ヲ本院ニ改メ小榕林ヲ分院トシ今日ニ及ベリ
小榕林校舎ハ一時ノ應急家屋トシテ借入タル狭隘ナル民屋ニシテ漸次増加スル入学志望者ヲ收容スルニ足ラス且校舎トシテ適當ナラサルヲ以テ夙ニ新築ノ要ニ廹ラレ領事及公會ニ於テ企畫中ナリシカ大正四年四月ニ至リ臺灣公會總會ニ於テ御大典紀念事業トシテ新築ノ議ヲ決シ籍民及関係支那人ノ醵出金ヲ募リ當府ヘ對シテモ補助金下付ヲ請願シ大正五年三月十七日金一〇〇〇圓ヲ補助セラル九月二日御大典紀念建築寄附金八四八四弗ヲ以テ外清保下釋寺街ニ土地家屋ヲ購入、同月六日更ニ同寄附金一〇三二〇弗ヲ以テ城内西鹿宮街ノ土地家屋ヲ買收シ十二月十八日此ノ地

六

ニ校舎新築ノ工ヲ起シ翌六年六月十七日竣功シタルヲ以テ（此ノ工費銀二、四七三弗八六ニシテ、一、八三四弗五七八、籍民ノ醵出金、一〇、六三九弗二九八當府ノ補助金、一〇、〇〇〇圓ノ換算額ナリ）十一月十日ヨリ城内分院ヲ開校シタリ

然ルニ全市街ニ散在セル籍民子弟通學上ノ關係ト其ノ増加トハ之ヲ以テ足レリトセズ依テ曩ニ買收セル外清保下釋寺街ノ民屋ニ於テ大正六年三月二日分院ヲ開設シタルモ教室トシテ不適當ナルヲ以テ同月十日當府ノ補助金銀三、七二七弗八九（補助金五、八四〇圓ノ換算額）ヲ得、之ニ籍民ノ醵出金銀一、五八八弗一一ヲ加ヘ同月ヨリ校舎新營ニ着手シ翌七年二月十一日竣功シタリ外清分院之ナリ同年十一月二十八日更ニ當府

ヨリ補助金銀六四二〃円ヲ得テ増築ヲ行フ
其ノ後學級生徒ノ増加ヲ来シ、校舎狭隘トナリタルヲ以テ之カ擴張ノ要ヲ認メ大正九年三月初旬城内分院ノ隣接地ヲ一三、五〃〃円ニテ買收シ同月二十七日當府ヨリ買收費ノ全額補助ヲ與ヘタリ越テ大正十一年二月更ニ當府ヨリ銀二〇〃〃円ヲ補助シテ此ノ土地ニ城内分院校舎ヲ増築セシメ（補助金二〃〃〃〃円寄附金積立金二七八円ヲ支出シ大正十一年二月十一日工事ニ着手、十二年十月二十四日竣功）同時ニ小檜林本院ニ於テモ補助金ヲ交付シテ職員宿舎ヲ新築セシメタリ（補助金銀九、五〃〃円、寄附金積立〃二六九円ヲ支出シ大正十一年二月十一日工事ニ着手、十二年一月一日竣功）小檜林本院校舎ハ前述ノ如ク民屋ヲ借入レタルモノカ大正十五年三月当府ヨリ銀四〇〇〇弗ノ補助金ヲ交付シ之ニ借入金一〇〇〇弗ヲ加ヘ銀五〇〇〇弗ヲ以テ校舎ノ約半部ヲ買収セシメタリ（借入銀一〇〇〇弗ハ大正十五年度当府ヨリ補助シテ償還セシメタリ）

厦門本島ニ於テハ本院ノ外ニ城内、外清ノ二分院ヲ開設シテ児童ヲ教育シ来リタルモ海ヲ距テタル鼓浪嶼在住者子弟ハ通学危険ノ為年長者ノミ就学スルノ状況ナリシヲ以テ大正十四年ノ三月二十一日ニ至リ鼓浪嶼和記崎所在土地建物ノ一部ヲ借入レ之ヲ假校舎トシ鼓浪嶼分院ヲ開設シ當四学年迄ノ児童ヲ収容シ當五学年以上ハ厦門ニ通学セシムルコトトセリ學校ノ經常費ハ前述ノ如ク設立當初ハ有志ノ負擔スル所ナリシカ大正四年五月以來臺灣公會ノ負擔トナリ大正七年度以降ハ當府ヨリ一部ノ補助ヲ受ケ居レリ

汕頭東瀛學校

一、位置　汕頭崎碌外馬路

二、設立者　汕頭日本居留民會

三、沿革

汕頭ニ於ケル臺灣籍民教育機関ノ設置ハ久シク在留官民ノ間ニ評議セラレタル所ナルカ大正三年十一月ニ至リ漸ク機熟シテ同地日本人協會ハ愈々臺灣公學校ノ教則ニ準據シタル學校ヲ設置セントシ當府ニ對シテ教員ノ派遣ヲ請願シ來レリ翌四

八

年三月臺灣公學校教諭村岡魏夫汕頭ニ派遣シ命セラレ同月二十一日東瀛學校ヲ設立シ漢文教師トシテ李樹ノ教諭補トシテ陳存仁ヲ招聘シ汕頭崎碌喬林里ノ假校舍ニ兒童二十名（内支那人二名、英籍人一名）ヲ收容シテ授業ヲ開始スルニ至レリ爾シテノ創立當初ハ一ヶ年四百弗ヲ以テ民屋ヲ借入レ之ヲ假校舍及職員宿舍トシテ一時ノ用ニ充テタルモノニシテ多數ノ兒童ヲ收容スルコト困難ナリシヲ以テ餘儀ナクノ十餘名ニ對シ入學ヲ謝絶セシカ如キ狀態ナリキ依テ學年ノ進行ニ伴ヒ益々校舍新築ノ要ニ迫ラレタルモ日本人協會ハ創立日尚浅ク到底之カ經費ノ負擔ニ堪ヘサルヲ以テ大正五年五月當府ニ對シ補助ヲ請願シ六年度ニ入リテ一三、三一〇圓ノ下附シ得六年十二月一日校舎及職員宿舎ノ新營ニ着手シ工事督勵中工程約三四分ノ時大正七年十二月十三日大震災ノ為損害ヲ蒙リ既成部分倒潰ニ瀕シタリ依テ應急策トシテ崎硃喬林里門外野外ニ假小屋掛シナシ使用期間六箇月ノ豫定ヲ以テ同年三月六日此ノ假校舎ニ移轉シタリ

然ルニ同年六月三十日又々暴風雨ノ為假校舎倒潰ノ厄ニ遇ヒ八月廿一日ヨリ新築中ノ校舎ノ一部ニ移轉シタリ同年九月二十二日校舎及職員宿舎落成ス現在ノ校舎即チ之ニシテ此ノ工費銀一〇、九三五円七一ヲ要シタリ（前記補助金一三、三一〇圓ノ換算額銀九、六九四円八三及協會支出銀一二四円八八）同年十月校舎裏ノ隣接地約千八百坪ノ民有地ヲ當分無償ニテ借入ルヽコトヽシテ

運動場ニ充當ス
大正八年二月三日ニ至リ更ニ職員宿舎三戸ノ增築工事
ニ着手シ同年九月二日竣功（工費四、四五二円七二ニシテ四、
四五〇円ハ當府ノ補助金）尚同年三月二十六日本校ノ
敷地百七十方丈五尺ヲ銀六、八二〇円（全部當府ノ補
助金）ニテ買收更ニ大正十年六月二日隣接地百八十方
丈ヲ臺灣銀行ヨリ借入金ヲナシ六一八円ニテ買收シ
十年度及十二年度ニ當府ノ補助金ヲ得テ之カ元
利金全部ヲ償還シ越テ大正十五年十一月十日更
ニ隣接地百七十五方丈ノ銀一〇、一五〇円ニテ買收シ
テ校地ヲ擴張シタリ
本校開設ノ當初ハ前述ノ如ク児童二十名ニ過キサ
リシカ年ト共ニ漸次增加シ教室ノ不足ヲ來シタル

九

シ以テ市内児童ノ通学ニ便ナラシムル為商業區福安街文選衚衕ニ借家シテ分校ヲ新設シ大正九年四月八日ヨリ授業ヲ開始シタリ

同年十月十二日ニ至リ日本内地及本島留学志望者ノ為ニ特設科ヲ新設シ同十一年四月初メヨリ本科卒業生ノ為ニ補習科ヲ新設シタルカ十三年三月一日之ヲ廃シテ新ニ実務ニ従事セントスル者ノ為ニ補習教育ヲ兼ネテ実務科ヲ新設シタリ

分校ハ前述ノ如ク借家シ仮校舎ニ充当シタルモノニシテ新築ノ要ニ迫ラレタルヲ以テ大正十年五月五日先ツ市内中馬路二百五十六方丈ノ土地ヲ敷地トシテ銀九、五四〇弗ニテ買収シ同年九月當府ヨリ買収費全額ノ補助ヲ得タリ越エテ大正十二年ニ至リ分校假校舎ヲ立退ヲ要求セラレタルニ依リ同年一月二十五日市内新馬路慶華里ノ假校舎ニ移轉シ三月五日買收敷地ニ校舎新營ノ工ヲ起シ十月初旬本家竣成シタルヲ以テ同月十八日之ニ移轉翌十三年二月二十一日ニ至リ全部竣功シタリ(工費銀九、〇〇〇弗ニシテ全部當府ノ補助金)大正十五年ノ暮ニ至リ汕頭市中最重要ノ外馬路所在面積九百六十三方丈(建物一八六坪アリ)ノ土地賣却セラル、モノアリタルヲ以テ將來東瀛學校分校ヲ設置スル目的ニテ備入銀七〇、〇〇〇弗ヲ投シ昭和二年三月二十五日之ヲ買收シ當府ハ自昭和元年度至昭和四年度ノ四ヶ年ニ亘リ元利合計七五、七五一弗ノ補助金ヲ交付シタルカ今直ニ分校ヲ設置スル豫定ナキヲ以テ市區改正ノ爲立退ヲ餘儀ナ

クセラル、小學校ノ校舎トシテ當分之ヲ使用セシムル
コトヽシタリ
本校ノ経常費ハ在留籍民ノ寄附ニ依リタルモノナル
カ大正七年度ヨリハ當府ノ補助金ヲ受クルコトヽナリ
又大正十四年一月一日設立首タル汕頭日本人協會ハ解
散シテ新ニ組織セラレタル日本居留民會ニ一切ノ権
利義務ヲ継承シ本校ノ経營モ仝會ニ引継カレタ
リ尚昭和六年三月一日學級整理ノ結果分校ヲ廢止
シタリ

三、小學校教育ノ状況

對岸地方ニ於ケル籍民教育ノ施設ハ前述ノ通ニシテ
之ニ関聯シテ對岸ニ活動セル内地人子弟ノ教育即チ

日本人小學校ニ對シテ相當ノ援助ヲ與フルコトハ必要事ト思料セラル、ヲ以テ當府ハ福州、廈門、汕頭及廣東ノ四校ニ對シテハ教員ヲ派遣シ且經常費、臨時費ノ一部ヲ補助シ來レリ

福州日本人小學校

一、位置　福州南臺蒼前山

二、設立者　福州日本居留民會

三、沿革

本校ハ福州日本居留民會ノ經營ニ係リ明治四十三年五月一日創立シテ初メ存養小學校ト稱シ臺灣銀行福州支店住宅ノ一部ヲ借入レ児童三名ヲ收容シ臺灣銀行員ノ夫人吉原某及川瀨某ニ教務ヲ囑託シテ授業ヲ開始シ同時ニ幼稚園ヲ附設

シタリ
明治四十四年一月福州尋常小學校ト改稱シ同月九日ニ至リ附屬幼稚園ヲ廢止ス
大正四年四月一日福州居留民會（借入家）ノ階上ニ校舍ヲ移轉シ同十年四月一日高等科ヲ併置シ福州日本人小學校ト改稱シ十一年四月一日ヨリハ臺灣人ノ入學ヲ許可スルコト、ナリ之ヲ實施ス
校舍ハ前記居留民會ノ階上ニテハ支障尠カラサルヲ以テ大正八年七月居留民會ハ南臺蒼前山ニ於テ高燥ナル土地約二、五〇〇坪ヲ一二、〇〇〇餘元（借入金及寄附金）ニテ敷地トシテ買收シ校舍ヲ新營セントシタルモ其ノ負擔ニ堪ヘサルヲ以テ當府ヘ請願シ大正十一年度ニ補助金ヲ得、十二年一月十三日工事

ニ着手シ全年十一月三十日竣功シタルヲ以テ十二月十五日新校舎ニ移轉シタリ（此ノ工費二六、六〇一、元五四ニシテ當府ノ補助金一五、〇〇〇圓ノ換算額一五、八九一、元四二外務省補助金一〇、〇〇〇圓ノ換算額一、二七五元二三及居留民會ノ負擔金五、四三四元八九）經常費ハ全部居留民會ノ負擔スル所ナリシカ大正八年度ヨリ當府ヨリ其ノ一部ヲ補助セラルルコトトナレリ

廈門日本人小學校

一、位置　廈門鼓浪嶼

二、設立者　廈門日本居留民會

三、沿革

邦人ニシテ廈門ニ在留スル者逐年増加シ其ノ子弟教育機關設立ノ必要起リ同地日本居留民會ノ

事業トシテ小學校ヲ設置セントシ大正六年三月領事ヲ経テ當府ニ對シ教員ノ派遣ヲ請願シ来レリ同年四月十九日臺灣小學校教諭橘川松太郎厦門ヘ派遣ヲ命セラレ五月一日ヨリ厦門旭瀛書院ノ一部ヲ借用シテ假校舎ニ充テ児童九名ヲ収容シテ授業ヲ開始シタリ同月五日厦門日本尋常高等小学校ト名付ケ八月二十日鼓浪嶼下一五三番所在ノ大和倶楽部樓上ニ假校舎ヲ移轉ス同年五月二十七日附属幼稚園ヲ開設シ十月六日學校豫定地ノ目的ヲ以テ鼓浪嶼下六二番下六三番ノ土地建物ヲ銀二五、〇〇〇弗ニテ買収シタリ内一〇、〇〇〇弗ハ所有者ノ寄附、五、〇〇〇弗ハ籍民郭春暎ノ寄附一〇、〇〇〇弗ハ居留民會ノ積立金ヲ支出シタリ

大正十年四月十八日ニ至リ園児小数ノ為幼稚園ヲ閉鎖ス

大和倶楽部ハ其ノ位置良好ナルヲ以テ小学校ヲコヽニ移転当時ヨリ居留民会ニ於テ譲受ノ計画ヲ樹テタルモ所有者ノ承諾ヲ得ルコト能ハズ為ニ永久的施設ヲ為スコト不可能ナルノミナラズ蟻害等ノ為危険ヲ感ズルニ至リ且ツ倶楽部ト学校ト共用ノ関係ヲモ考慮シテ大正十三年以降校舎ノ移転問題ヲ協議スルニ至レリ而シテ初ハ曩ニ買収セル鼓浪嶼下六二号及下六三号ノ土地ニ移転スル筈ナリシモ通学上ノ不便ト校地ノ地盤大部分花崗岩ニシテ傾斜面ナルトノ関係ニ依リ之ヲ変更シテ鼓浪嶼田尾下一九号所在ノ厦門博愛会医院所

有土地家屋ヲ借用シテ假校舎ニ充當シ大正十四年九月一日茲ニ移轉シタルガ昭和五年八月十三日前記下大二號大三號ノ土地建物ト交換シ以テ今日ニ至レルガ近年右校舎ハ腐朽甚シク危険ナルヲ以テ新築ノ計畫中ナルモ目下時局ノ影響ヲ受ケ工事着手不可能ノ状態ナリ

本校ノ經費ハ設立者タル居留民會ノ負擔スル所ナルカ大正九年度ヨリハ當府ヨリ其ノ一部補助ヲ受ケ居レリ

汕頭日本人小學校

一、位置　汕頭外馬路

二、設立者　汕頭日本居留民會

三、沿革

大正四年三月臺灣籍民ノ教育機関トシテ東瀛学校ヲ創立スルヤ内地人教育機関トシテ小学校設立ノ輿論盛ナルモノアリ　仍テ当府ヨリ東瀛学校ニ派遣セラレタル村岡教諭夫人セン教員有資格者ナリシヲ幸トシ之ニ教師ヲ嘱託シ大正四年四月四日汕頭外馬路所在ノ日本人協会ノ一室ヲ教室ニ充テ幼稚園ヲ附置シテ同協会経営ノ許ニ授業ヲ開始シタリ当時ノ児童ハ小学校幼稚園共合六名ニシテ教室ハ光線不充分、而モ夏季ハ暑熱ニ苦シム状態ナリシヲ以テ翌五年末ニ至リ支那人ヲシテ校舎ニ貸備スルノ約ヲ以テ市内廣州街ニ家屋ヲ新設セシメ同六年二月該校舎ニ移轉シタリ

大正六年四月園児取扱ニ適任者ヲ失ヒタルヲ以テ一

時幼稚園ヲ廢止ス

大正八年六月東瀛学校ノ村岡教諭病死シタルヲ以テ當校教師村岡セン郷里ニ歸還シ其ノ後任ヲ得難キ為當府ニ對シ教員ノ派遣ヲ請願シ來レリ依テ同年六月末臺灣小學校教諭三雲重之訓導ニ派遣ヲ命セラレテ児童教育ノ任ニ當ル

當時市内外馬路ニ閑静ニシテ清潔ナル地ニ新築中ノ一家屋アリ土地家屋共ニ賣却サルヽ巷説アリテ位置、家屋ノ設計、共ニ小學校々舎トシテ適當ナルヲ以テ深澤領事及竹藤日本人協會長率先シテ其ノ買收ニ奔走シ各地ノ有志ニ檄ヲ飛ハストコロアリ集ル所ノ寄附金ヲ以テ買收費ニ充當スルノ豫定ニテ家屋ノ竣功スルヲ待チ大正八年十二月二十八日銀二六九

七四卅九ニシ以テ買收シ直ニ校舍ヲ移轉シタリ然ルニ
其ノ後寄附金ノ醵集意ノ如クナラス不足額ハ臺灣
銀行ヨリ借入金シナシ銀一〇、三六五卅ノ借財ヲ有シタル
カ學校費ノ節約、外務省補助金等ニヨリ漸次償
還シ行ヒ大正十三年三月ニ至リ當局ノ補助金銀五一
八〇卅ヲ得テ全部之ヲ償還スルコトヲ得タリ然ルニ
ニ校舍ハ汕頭市區改正ノ為立退シ餘儀ナクセラ
ル、至リタルシ以テ昭和二年三月居留民會カ東瀛學
校分校豫定地トシテ買收シタル外馬路所在ノ土地
ニ小學校移轉ノ計畫ヲ樹テ經費三六九八五卅ヲ
以テ校舍ヲ新築シ昭和六年九月三十日コレニ移轉
シタリ
尚本校ノ經費ハ設立者タル日本人協會ノ負擔ス

ル処ナリシカ大正十四年一月一日ヨリ日本人協會ヲ解散シテ一切ノ權利義務ハ新ニ組織セラレタル日本居留民會ニ於テ繼承スルコト、ナレリ又當府ニ於テハ大正八年度以來本校經費ノ一部補助シナシ來レリ

廣東日本人小學校

一、位置　廣東沙面英租界四三號

二、設立者　廣東日本居留民會

三、沿革

廣東ニ於ケル在留邦人ノ増加ニ伴ヒ其ノ子弟教育機關ノ必要ニ迫ラレタルヲ以テ有志相圖リ大正四年四月十九日廣東日本人小學校ヲ開設シ有志等經營ノ衝ニ當リ在留邦人間ニ經費ヲ募リ日本人

倶楽部ノ一部ヲ借用シテ児童三名ヲ収容吉川かねニ教務ヲ嘱託シテ授業ヲ開始シタリ
大正五年十一月二十三日学校ノ経営ヲ日本人会ニ引継キ翌六年四月一日教員吉川かね一身上ノ都合ニ依リ辞職ス
大正六年五月四日休職東京市湯島尋常小学校訓導川北長一郎校長兼訓導ニ同東京市今川尋常小学校訓導川北春野訓導トシテ着任ス
大正六年八月十四日外務、文部両大臣ヨリ在外指定学校タルノ指定ヲ受ク
大正九年十二月十日校長兼訓導川北長一郎訓導川北春野香港日本人小学校ニ転シ同年十二月十日香港日本人小学校訓導崎田完校長兼訓導ニ

同崎田きくみ訓導トシテ來任翌十年四月二十四日校舎ヲ英租界四十三號ノ現在校舎ニ移轉ス
大正十一年一月九日幼児十一名ヲ收容シテ附屬幼稚園ヲ開設ス
本校ノ経費ハ設立者タル居留民會ノ負擔スル所ナルカ大正十年度ヨリハ當府ヨリ経常費ノ一部補助ヲ與ヘラレ又大正十二年度ヨリ當府ニ對シ屢々同地駐在ノ總領事ヲ通シテ教員ノ派遣ヲ懇請シ來レリ依テ大正十三年四月崎田校長夫妻任ヲ辞トルヤ同月二十二日總督府ヨリ臺灣公立小學校訓導二名ヲ廣東ニ派遣シテ小學校教育ノ任ニ當ラシメ今日ニ至レリ

四、最近五ヶ年間ノ各学校状況

学校名	年度	経費 経常費（弗）	経費 臨時費（弗）	総督府補助金 経常費（弗）	総督府補助金 臨時費（弗）	学級数	職員数	児童数
福州東瀛学校（明治四十一年四月創立）	昭和二年度	六、九〇五	—	五、九〇五（六、〇〇〇円）	—	九	一一	三七三
	〃三年度	六、八二五	—	五、八二五（六、〇〇〇円）	—	九	一一	三一〇
	〃四年度	八、六七五	—	七、六七五（六、〇〇〇円）	—	九	一一	三二〇
	〃五年度	九、六九七	—	九、一一八（五、〇二五円）	—	九	一一	三一〇
	〃六年度	一一、四七五	三、五〇〇	六、四三〇（四、五九〇円）	—	八	七 ×四	二六二
廈門旭瀛書院（明治四十三年六月創立）	昭和二年度	一四、四四一	二、九〇九	一〇、四〇〇（一〇、三〇〇円）	—	一五	一八 ×四	五一二
	〃三年度	一四、〇一七	一、七三五	九、九七五（一〇、〇〇〇円）	四、八〇八（五、〇〇〇円）	一五	一八 ×六	五一四
	〃四年度	一五、一三六	一四、二三一	一三、五四九（一〇、〇〇〇円）	—	一五	一五 ×八	五三一
	〃五年度	一七、七一二	一三、九九二	一五、一四八（八、九〇〇円）	—	一五	一五 ×七	五二八
	〃六年度	二〇、〇三四	一七、五三三	一〇、〇〇〇（七、二〇〇円）	—	一三	一三 ×一〇	四九五
	昭和二年度	四、九七九	—	三、三六五	—	八	一一	三四三

学校名	年度	経費 経常費	経費 臨時費	総督府補助金 経常費	総督府補助金 臨時費	学級数	職員数	児童数
汕頭東瀛学校（大正四年三月創立）	昭和三年度	四、九八七弗	—弗	三、三九八弗（三、五〇〇円）	—弗	九	一一	三〇九
	〃四年度	五、七四七	一、九五二	四、四七一（三、五〇〇円）	一、九五二	八	八	二七五
	〃五年度	八、一六二	—	六、七七七（四、一〇〇円）	—	五	五	一七九
	〃六年度	六、九六五	—	三、六〇〇（三、五二〇円）	—	四	五	七〇
福州日本人小学校（明治四十三年五月創立）	昭和二年度	四、三六五	四一七	八五九（八五〇円）	—	三	三	三四
	〃三年度	四、二八五	五、四一〇	八二九（八五〇円）	—	三	三	二九
	〃四年度	四、〇八〇		一、一八〇（八五〇円）	—	三	三	三六
	〃五年度	四、四七五	二、八〇〇	七四二（四五〇円）	—	三	三	四三
	〃六年度	六、二九二	一、二〇〇	五〇〇（三四二円）	—	二	一二	四二
厦門日本人小学校（大正六年五月創立）	昭和二年度	四、二五六	一、一六七	八一六（八〇〇円）	—	三	三	三三
	〃三年度	四、四六九	一、〇五四	七九二（八〇〇円）	—	三	三	三九
	〃四年度	四、九〇九	一、五〇七	一、一四三（八〇〇円）	—	三	三	三二

備考	年度							
	〃五年度	五、一七四	七〇二	一〇九六（六五〇円）	ー	三	×一二	三二
	〃六年度	五、五九〇	一、九三五	七三〇（五一三円）	ー	二	×一二	四八
汕頭日本人小学校（大正四年四月創立）	昭和二年度	三、四三〇	六五三	四五九（四五〇円）	ー	三	三	二〇
	〃三年度	三、三二四	五九〇	四四七（四五〇円）	ー	三	三	二四
	〃四年度	二、七八〇	八一八	（四五〇円）	ー	三	三	二六
	〃五年度	四、〇〇四	一、九五二	五九一（三五〇円）	ー	三	三	二九
	〃六年度	五、八〇〇	六〇九九	三四〇（二三四円）	ー	二	×一二	二六
廣東日本人小学校（大正四年四月創立）	昭和二年度	七、六七六	ー	七五一（八〇〇円）	ー	三	三	二五
	〃三年度	六、六四〇	ー	七三四（八〇〇円）	ー	三	三	二九
	〃四年度	四、四七〇	ー	一、〇〇〇（八〇〇円）	ー	三	二	二九
	〃五年度	七、一五〇	ー	一、四二九（八〇〇円）	ー	三	三	三四
	〃六年度	九、六八五	四〇〇	九〇〇（六三〇円）	ー	二	×一二	二六

一、経費ノ欄 昭和五年度迄ハ決算、六年度ハ豫算ナリ

二、学級、職員及児童数ハ其ノ年度末現在ヲ示ス 但シ昭和六年度ハ十一月末現在ナリ

三、職員ノ欄〆印ヲ附シタルハ本府派遣ニ非ザルモノニシテ 設立者ニ於テ支辨スルモノナリ

第二　對岸小公学校ニ對スル将来ノ方針

南支南洋ニ對スル各種ノ國家的施設ハ理論上外務省ニ於テ全部ヲ施行スベキモノト思料セラルヽガ台湾ト地理的ニ一衣帯水最モ密接ナル関係ヲ有スル對岸方面ニ邦人ガ經濟的発展ヲ遂ゲントスルニ當リテハ其ノ生活ヲ安定セシムルニ足ル各種ノ施設ヲ行フハ當然ノコトニ屬ス故ニ其ノ内地人タルト本島人タルトヲ問ハズ在留民子弟ノ初等教育施設ノ如キニ関シ總督府ガ相當ノ援助ヲ與フルハ必要ナルコトニシテ將来トテモ相當援助ヲ續行スルノ必要アルモノト思料ス而シテ福州、廈門、汕頭、廣東ニ於ケル小学校並福州、廈門、汕頭ニ於ケル籍民学校ノ經営ニ関シテハ從来ハ

(1) 教員ハ總督府ヨリ之ヲ派遣シ其ノ俸給及滞在旅費ハ廳地方費ヨリ之ヲ支辨シ

(2) 学校經常費ハ其ノ一部ヲ南支南洋施設費ヨリ補助シ

（ロ）臨時費モ其ノ一部ヲ南支南洋施設費ヨリ補助シ
来レルモ當府財政ノ関係モアリ各学校共学級整理ヲ行フコトト
シ将来ハ次ノ如キ方針ヲ以テ最少限度ノ援助ヲ與ヘントス

一、小学校

小学校ニ対シテハ教員ハ従前通當府ヨリ派遣シテ援助ヲ為ス
但シ各学校共従来三学級編制トナリ教員三名ヲ派遣セルモ生
徒数ニ鑑ミ昭和六年度以降ハ各学校共二学級分ノ訓導二人ヲ
派遣スルコトトス

二、籍民学校

籍民学校ニ対シテハ従前通當府ヨリ教員ヲ派遣シテ援助ヲ為ス
但シ従来ハ籍民ノ外多数ノ支那人子弟ヲ入学セシメタルモ六年度
以降ハ籍民ニ限ルコトトシ特ニ日本ト関係アル家庭ノ児童ヲ入
学セシムル場合ニ於テモ定員ニ餘裕アル場合ニ限ルコトトシ籍民

本位ニヨリ学級ヲ整理シ一学級ニツキ一人ノ訓導ヲ派遣スルコト、ス

三、両学校ヲ通シテ前記学級担任訓導ノ外校長一人ヲ置キテ両者ヲ兼務セシメ対岸ニ於ケル旧地人及籍民ノ初等教育ヲ管理セシムルコト、ス

四、右ノ方針ニヨリ経費ノ補助ハ

１、派遣教員ニ要スル俸給及旅費ハ従前通廳地方費ノ支辨トス

２、経常費ノ補助ハ従前通南支南洋施設費ヨリ毎年ノ所要経費ニ対シ最少限度ノ補助ヲ為ス

３、臨時費ノ補助ニ就テハ必要ノ都度事情ヲ考慮シ適当ニ処理スルコト、ス

第三　満洲事變ノ影響ニ就テ

満洲事變ノ影響ヲ受ケ對岸各地ニ於テモ漸次抗日的氣分釀成シ學校教育ニモ之カ反映ヲ見ルニ至レリ今小學校（日本人）教育ニ就テ調査スルニ漸次不穩ノ度加ハルニ伴ヒ母國等ニ引揚ゲノ關係上別表「對岸小學校兒童數調」ノ如ク昭和六年八月末現在ニ比シ福州ニ於テハ九月末ニハ一人十月末ニハ二人十一月末ニハ三人何レモ減少シ廈門ニ於テハ九月末、十月末ニハ何レモ二人増加シ十一月末ニハ増減ナク兒童數ヨリ見レハ特ニ影響スルコトナキモノノ如ク汕頭ニ於テハ九月末ニハ六人十月末ニハ十三人十一月末ニハ十五人何レモ減少シ廣東ニ於テハ九月末ニハ異動ナク十月末ニハ十七人十一月末ニハ二十人ノ減少ヲ見タリ之ヲ八月末現在ト十一月末現在トヲ比較シテ兒童ノ減少率ヲ調査スルニ別表「對岸小學校児童増減調」ノ如ク福州ニ於テハ六、六七%ノ減少シ廈門ニ於テハ増減ナク汕頭ニ於テハ五一、七二%減少シ廣東ニ於テハ四三、四八%ノ減少ヲ示セリ更ニ籍民學校ニ就テ調査スルニ別表「對岸籍民學校児童數調」ノ如ク昭和六年八月末現在ニ比シ福州ニ於テハ九月末ニハ十人、十月末ニハ十二人、十一月末ニハ三十九人何レモ減少シ廈門ニ於テハ九月末ニハ五人十月末ニハ十八人、十一月末ニハ十八人何レモ減少シ汕頭ニ於テハ九月末ニハ五人、十月末ニハ二十八人、十一月末ニハ九十一人何レモ減少セリ之ヲ八月末現在ト十一月末現在トヲ比較シテ児童ノ減少率ヲ調査スルニ別表「對岸籍民學校児童増減調」ノ如ク福州ニ於テハ一二、九六%廈門ニ於テハ三、五一%汕頭ニ於テハ五六、五二%何レモ減少セル状態ニシテ相當大ナル影響アリタルモノト認メラル

對岸小學校兒童數調

自昭和六年八月末日
至昭和六年十一月末日

學校別		福州日本小學校		廈門日本尋常高等小學校		汕頭日本尋常高等小學校		廣東日本人小學校		計	
	性別	男	女	男	女	男	女	男	女	男	女
八月	内地人	一五	二一	一八	二六	一〇	一五	一五	三一	五八	九三
	籍民	三	六	四	、	三	一	、	、	一〇	七
	其他	、	、	、	、	、	、	、	、	、	、
	計	一八	二七	二二	二六	一三	一六	一五	三一	六八	一〇〇
九月	内地人	一四	二一	二一	二五	一〇	九	一五	三一	六〇	八六
	籍民	三	六	四	、	三	一	、	、	一〇	七
	其他	、	、	、	、	、	、	、	、	、	、
	計	一七	二七	二五	二五	一三	一〇	一五	三一	七〇	九三
十月	内地人	一三	二一	二一	二五	七	五	一三	一六	五四	六七
	籍民	三	六	四	、	三	一	、	、	一〇	七
	其他	、	、	、	、	、	、	、	、	、	、
	計	一六	二七	二五	二五	一〇	六	一三	一六	六四	七四
十一月	内地人	一三	二〇	二一	二三	七	三	一二	一四	五三	六〇
	籍民	三	六	四	、	三	一	、	、	一〇	七
	其他	、	、	、	、	、	、	、	、	、	、
	計	一六	二六	二五	二三	一〇	四	一二	一四	六三	六七

對岸小學校兒童增減調

自昭和六年八月末日
至昭和六年十一月末日

學校別	八月末現在				九月中增減(△)（百分比例）				十月中增減(△)（百分比例）				十一月中增減(△)（百分比例）			
	内地人	籍民	其他	計	内地人	籍民	其他	計	内地人	籍民	其他	計	内地人	籍民	其他	計
福州日本小學校	三六	九		四五	△一（二・五六）	（一〇〇・〇〇）		△一（二・二三）	△二（五・一三）	（一〇〇・〇〇）		△二（四・四四）	△三（七・六九）	（一〇〇・〇〇）		△三（六・六七）
厦門日本尋常高等小學校	四四	四		四八	二（四・五五）	（一〇〇・〇〇）		二（四・一七）	二（四・五五）	（一〇〇・〇〇）		二（四・一七）	（一〇〇・〇〇）	（一〇〇・〇〇）		（一〇〇・〇〇）
汕頭日本尋常高等小學校	二五	四		二九	△六（二四・〇〇）	（一〇〇・〇〇）		△六（二〇・六九）	△一三（五二・〇〇）	（一〇〇・〇〇）		△一三（四四・八三）	△一五（六〇・〇〇）	（一〇〇・〇〇）		△一五（五一・七二）
廣東日本人小學校	四六			四六	（一〇〇・〇〇）			（一〇〇・〇〇）	△一七（三六・九六）			△一七（三六・九六）	△二〇（四三・四八）			△二〇（四三・四八）
計	一五一	一七		一六八	△五（三・三一）	（一〇〇・〇〇）		△五（二・九八）	△三〇（一九・八七）	（一〇〇・〇〇）		△三〇（一七・八六）	△三八（二五・一六）	（一〇〇・〇〇）		△三八（二二・六二）

備考
增減數並之ガ百分比例ハ八月末現在ニ對スルモノナリ

對岸籍民學校兒童數調

自昭和六年八月末日
至昭和六年十一月末日

月	性別	福州東瀛學校 男	福州東瀛學校 女	廈門旭瀛書院 男	廈門旭瀛書院 女	汕頭東瀛學校 男	汕頭東瀛學校 女	計 男	計 女
八月	内地人	、	、	一	一	、	、	一	一
	籍民	六二	四五	一九六	一〇二	二六	一六	二八四	一六三
	其他	一六三	三一	一四四	六九	一〇〇	一九	四〇七	一一九
	計	二二五	七六	三四一	一七二	一二六	三五	六九二	二八三
九月	内地人	、	、	一	一	、	、	一	一
	籍民	六一	四三	一九六	一〇〇	二六	一七	二八三	一六〇
	其他	一五九	二八	一四一	六九	九五	一八	三九五	一一五
	計	二二〇	七一	三三八	一七〇	一二一	三五	六七九	二七六
十月	内地人	、	、	一	一	、	、	一	一
	籍民	六〇	四三	一九九	一〇〇	二三	一六	二八二	一五九
	其他	一五八	二八	一四〇	六一	七七	一七	三七五	一〇六
	計	二一八	七一	三四〇	一六二	一〇〇	三三	六五八	二六六
十一月	内地人	一	、	一	一	、	、	二	一
	籍民	五六	四〇	一九八	九九	一九	一五	二七三	一五四
	其他	一四〇	二五	一三八	五八	三一	五	三〇九	八八
	計	一九七	六五	三三七	一五八	五〇	二〇	五八四	二四三

對岸籍民學校兒童數增減調

自昭和六年八月末日
至昭和六年十一月末日

學校別	八月末現在				九月中增減（△）（百分比例）				十月中增減（△）（百分比例）				十一月中增減（△）（百分比例）			
	內地人	籍民	其他	計	內地人	籍民	其他	計	內地人	籍民	其他	計	內地人	籍民	其他	計
福州東瀛學校		一〇七	一九四	三〇一		△三（二.八〇）	△七（三.六二）	△一〇（三.三二）		△四（三.七四）	△八（四.一二）	△一二（三.九九）	一	△一一（一〇.二八）	△二九（四.一三）	△三九（一二.九九）
厦門旭瀛書院	二	二九八	二一三	五一三	（一〇〇.〇〇）	△二（〇.六七）	△三（一.四二）	△五（〇.九七）	（一〇〇.〇〇）	一（〇.三四）	△一二（五.六三）	△一一（二.一四）	（一〇〇.〇〇）	△一（〇.三四）	△一七（七.九八）	△一八（三.五二）
汕頭東瀛書院		四二	一一九	一六一		一（二.三八）	△六（五.〇四）	△五（三.一二）		△三（七.一四）	△二五（二一.〇二）	△二八（一七.三九）		△八（一九.〇五）	△八三（六九.七五）	△九一（五六.五三）
計	二	四四七	五二六	九七五	（一〇〇.〇〇）	△四（〇.八九）	△一六（三.〇四）	△二〇（二.〇五）	（一〇〇.〇〇）	△六（一.三四）	△四五（八.五六）	△五一（五.二三）	一（一〇〇.〇〇）	△二〇（四.四七）	△一二九（二四.五二）	△一四八（二八.一四）

備考

増減數並之ガ百分比例ハ八月末現在ニ對スルモノナリ

昭和七年一月三日

福州日本小學校水戸訓導夫妻遭難顛末狀況

福州日本小學校水戸訓導夫妻遭難顛末状況

昭和七年一月三日午後八時十五分東瀛學校二階建校舎廊下中央部ノ地下室ニ新聞紙ニ石油ヲ浸シテ放火シアリシヲ當直之ヲ發見シ幸ニ消シ止メタリ此ノ時急遽馳着ケタル石井校長ハ職員ト共ニ種々取調中一方小學校ニ於テハ水戸訓導夫妻惨殺セラレタル事件アリ其ノ状況左ノ如シ

一、時局ノ状況

錦州陥落ノ報ハ昭和七年一月二日夜ニ至リテ當地ニ判明シタルガ當日ハ當地反日團体ノ抗日態度ヲ一層激發スル機運喚起ノ目的ヲ以テ城内西湖公園ニ於テ支那民衆ノ集會アリ終リテ示威巡行ヲナス筈ナリシヲ以テ田村總領事、草鹿北上艦長、杉野砲術長ノ一行ハ實況視察ノ爲集會場西湖公園ニ赴キタル處會衆ヨリ手渡サレタル宣傳ビラノ文言ニ憤慨シタル草鹿艦長ガビラヲ引裂キタルヲ動機トシテ右三名ハ群集ヨリ相當大ナル暴行ヲ受ケ特ニ艦長、砲術長ハ負傷モアリ結局公安局ニ至リ深夜十一時ニ至リテ總領事館ニ歸還スルノ事件アリ爲ニ同月三日ニハ午後二時ヨリ日本居留民會樓上ニ於テ内臺人ノ居留民大會開催セラレ熱烈ナル演説ノ上、元兇ノ嚴罰、責任者ノ究明、反日抗日侮日的態度ノ禁止其ノ他全項ニ亘ル決議文ヲ田村總領事ニ手交シテ交渉ヲ後援スル等ノ事トナレリ

二、事件ノ經過

昭和七年一月三日午前十時ヨリ石井校長ハ小學校児童、幼稚園々児全部ヲ合シ福州小學校並ニ東瀛學校（籍民學校）職員ト共ニ近郊ノ小丘ニテピクニックヲ催シ午後三時半頃一同無事歸校ノ上職員ハ手分ケシテ夫々児童ヲ各家庭ニ送リ届ケ直ニ開會中ノ居留民大會ニ出席シタリ

同日午後八時頃ニ至リ日本總領事館田口巡査部長宿舎ニ放火セントシタル者アリタル情報ニ接シ本日ノ頻發スル事故ニ鑑ミ當直陳戊壬訓導ヲ戒メテ特ニ警戒ヲ嚴重ニシタリ然ルニ同日午後八時十五分ニ至リ陳訓導校内巡視ノ際端無クモ煉瓦造二階建校舎廊下中部地下室ニアル指揮台下ニ石油

ニ浸シアル新聞紙（支那側新聞民國民報）ヲ以テ放火セラレ指揮台ハ約三分ノ一燃燒シ居リタルヲ發見シ大畑公會書記ト共ニ消火中ノコトヲ大畑書記妻女ヨリ石井校長宛電話報告アリタルヲ以テ同校長ハ全職員ノ登校ヲ命ジテ直ニ學校ニ赴キタル處幸ニ發見消火迅速ナリシヲ以テ大事ニ至ラズシテ終リタリ一方石井校長ハ直ニ校内隈ナク犯人ヲ搜索シタルモ發見シ得ザルヲ以テ已ムナク事務室ニ入リ電話ニテ總領事館ニ右ノ事實ヲ報告シタル後來合セシ支那側第四區署員ト談話中同八時四十分頃小學校川崎訓導ヨリ電話ヲ以テ水戸訓導夫妻支那人暴漢三名ノ爲校内宿舍ニ宿直中殺害セラレタル報ヲ受ケ急遽馳着ケタル處水戸訓導ハ狙擊ヲ受ケ下顎部ヨリ右頸動脈ヲ擊タレ危篤、水戸夫人ハ短刀ニテ腹部、左頸下部、右上膊部ニ短刀ノ刺傷アリ左肩部ニ貫銃創アリテ即死（致命傷ハ腹部）シ子供ハ幸ニ無事ナルヲ得テ發育略同樣ノ乳兒ヲ有スル川崎夫人ノ哺育ヲ受クル事トシテ引取ラレ何等異狀ナシ

右前後ノ事實ヲ照合スルニ同日午後八時三十分水戸訓導ハ血ヲ浴ビテ「ヤラレタ」

ノ一語ヲ發シツヽ民會倶樂部ニ驅込ミタリ高橋書記並ニ居合セタル佛坂正吉兩人ハ應急手當ヲ爲スト同時ニ總領事館、民會長、博愛醫院外科醫長ニ電話通知セリ小林外科醫長ハ時ヲ移サズ來リテ應急手當ヲ施セシモ次第ニ呼吸困難ニ陷レリ

同八時四十分頃（川崎訓導ノ記憶）領事館ヨリ派遣サレタル桑田巡査ノ通知ニ依リ始メテ知リタル校内宿舍ノ川崎訓導ハ桑田巡査、中村藥劑師ト共ニ水戸訓導宿舍ニ入リ始メテ右ノ慘状ヲ目撃シテ直ニ在東瀛學校ノ石井校長ニ電話通知シタルモノナリ九時頃中山署長始メ署員小林民會長等來着シ石井校長モ來リ危篤ノ水戸訓導ハ小林外科醫長ト自動車ニ同乘治療ノ爲博愛醫院ニ赴ク途中遂ニ絶命シタルヲ以テ折返シ遺骸ヲ水戸訓導宿舍ニ運ビ故人夫妻ノ枕邊ニテ徹宵険惡ナル空氣中ニ通夜セリ

夜半ニ至リ田村總領事ハ省政府委員林知淵、第四課員黄如璧氏ト共ニ檢證ノ爲來校約一時間ニテ歸レリ

水戸訓導危篤ノ際署長ニ語リタル事實ニ依レバ犯人ハ支那人三人ニシテ昭和

七年一月四日早朝現場ヨリ滴リ續ク血痕ヲ辿リ道路、土塀等ヲ視テ犯人ハ三人ニ相違ナキモノト認ム

對岸ニ於ケル協會ノ新聞事業

臺灣協會

對岸ニ於ケル協會ノ新聞事業

日支両國カ共存共榮ノ運命ニ在ルコトハ多言ヲ要セサル所ニシテ從ッテ我カ帝國ノ中國ニ對スル國是ノ如キモ之ニ由テ定メラルヘク時ニ今回滿洲事變ノ如ク杆格スル事アルトハ云ヒ結局ハ之ニ歸一セラルヘク從來帝國ノ彼ニ對シテ執リタル態度ニ於テ之ヲ見ルモ極メテ明

瞭ナル事ナリ
臺灣ノ隣接地ハ福建及廣東ノ両省ニテ臺灣住民ノ大部分ハ両地ヨリ移住シ来リタルモノナルヲ以テ臺灣ト両省ハ民族関係ニ於テモ根柢深キ関係ヲ有シ地理的ニモ一衣帯水ノ関係ニ在リテ政治、軍事（国防）貿易ハ勿論、警察上ヨリ見ルモ重要離ルベカラザル関

係ニ在ルヲ以テ両省ニ於ケル帝國ノ威信ノ保持ハ即チ臺灣統治ニ間接又ハ直接ニ影響ヲ及ボスコトハ當然ナリ

這ノ密接重要ナル関係ニ在レバコソ彼ノ福建省不割讓條約トモナリ現ニ三都澳ニハ吾ガ海軍用地ヲ置カレ又淡水ヨリ川石山ニ至ル海底ノ電線ガ我カ有トナル所以ナリ

此ノ要地福州ニ於ケル閩報ハ當時福建省唯一ノ新聞ニシテ而モ排日記事ヲ連載セシ福報ヲ明治三十年乃木總督ノ指令ニ依リ買收シ我カ手ニ收メ現名ニ改題シ爾後福建有最古最大ノ新聞トシテ内外ノ信用ヲ博シ爾來三十数年ニ亘ル古キ歴史ヲ経、未タ新聞事業ノ進歩シ居ラサル中國ニ於テ恰モ暗

夜ノ燈明ノ如ク文化開発指導ノ大使命ヲ果シツツアリ
當時発行部数ハ五千数百ニ達シ居リタルモ満洲事件ノ為メ現時ハ貳千数百ニ減スルニ至レリ
又厦門ノ全閩新日報ハ明治四十年八月仝地ノ排日ニ對抗スル為メ厦門在住ノ臺灣籍民ノ合資ニテ発刊シ當時厦門唯一ノ新聞

ナリシカ相次テ起ル兵戦政變ニ禍サレ経営難ニ陥リタルヲ大正八年吾カ協會ニテ之ヲ買収シ同地方ニ於ケル最大ノ新聞ト稱セラルルニ至リ内外ノ信用大ニ厚ク發行部数貳千数百ニ達シ居リタルモ之亦満洲事変ノ為メ現在壱千数百部ニ減少セリ

中国人ハ其ノ国民性トシテ虚偽譎詐報

覆極ナク殊ニ謠言蜚語口舌ノ宣傳ニ長シ事實ヲ轉倒シテ毫モ憚ル所ナク日支間ニ事ノ起ル度ニ虚構ノニユースヲ掲ゲテ民衆ヲ煽動シ在留邦人ニ不安恐怖ノ念ヲ抱カシムルハ勿論時トシテハ忌ムベキ不祥事ヲ惹起スルコトモ珍シカラズ斯カル不信暗黒ノ言論界ニ在リテ國報及全國新日報ガ日本ニ関スルコトハ

國ヨリ支那内外ノ時事ヲ中正公平ニ報導シ日支両國民ノ絶大ナル光明トナリ居ルコトハ彼ノ地ニ居住スルモノニ非レハ想像ダニ及ハサル事實ニシテ今日迄幾度カノ事變ニ際會シ両紙ノ活躍正確公正ナル報導カ權威ナキ支那紙ノ宣傳記事ニ由テ動モスレハ激化セントスル排日行動ヲ抑止シツヽアル

コトハ識者ヲ俟テ後知ラルル事實ニアラズ
殷鑑遠カラズ今度ノ事變ニ依リ彼地ノ排
日騒擾ノ盛ナル場合ニ之ヲ観ルモ極メテ瞭
カナリ而シテ中国人ノ手ニ依リテ正義人道ノ
新聞ガ発行セラルヽコトハ尚前途遼遠ナル
ノミナラス政局ノ變化極リナキ彼地ニ於テノ
一党一派ニ偏セサル毅然タル西紙ノ存在ハ

在留日本人ノミナラズ中国民衆ニトリテモ欠クベカラザル指導啓発ノ光明臺ニシテ此ノ存在ニ依リテ吾ガ帝国ノ威信ヲ同地ニ発揚シ居ルコト甚大ナルモノアリ
然シテ福州ノ閩報及厦门ノ全閩新日報ノ両紙ヲ我ニ利用シ得ル範囲ハ政治、経済、軍事、交通、貿易ノ諸般ニ亘リ其ノ成果ノ偉大ナル忽諸ニ付スベカラザルモノアリテ實ニ其ノ経營ノ如何ニヨリテハ帝国ノ南方ニ於ケル国力ノ消長ニ関スルモノナリ。

如上ノ事由ニヨリ現ニ善鄰協會ヲシテ之レカ経營施設ヲナサシメツヽアルモ将来一層之レヲ助長シ其機能ヲ発揮セシムベク一段ノ積極的施設ヲ要スルモノアリ之ニ関シテハ

其ノ資力ノ如何ニヨリ本事業ノ消長ニ影
響スルコト多大ナルヲ以テ将来尚補助金ノ増ヲ交付シ
維持経営セシムルノ要アルモノトス
~~額ハ最モ緊要ナルモノトス。~~

昭和七年一月

當府補助對岸醫院ニ對スル第六十議會說明資料

警務局衛生課

一、對岸醫院ノ經過實績
對岸中華民國ニハ完全ナル醫療機関ナク在留邦人ノ最モ痛嘆スル所ナリシヲ以テ疾病治療上其ノ堵ニ安ンジテ事業ニ従事セシメ且ツ我カ醫術ヲ隣邦ニ紹介シテ彼我相接近スルハ日華親善ノ實ヲ擧グルニ有力ナル手段ナルヲ以テ大正六年財團法人廈門博愛會設立專ラ博愛醫院ヲ經營セントスルニ當リ當府ハ之ニ九万四千八百七十四円ヲ補助シ翌七年ニハ廣東博愛會、福州博愛會ノ設立博愛醫院ヲ経營セントスルニ當リ廣東ニハ五万二千二百弗福州ニハ三万二千一百弗ヲ補助シ何レモ毎年其ノ経費ノ不足額ヲ補助シテ之カ助成ニ努メ越ヘテ大正十二年汕頭博愛會設立專ラ博

爰醫院ヲ経營セントスルニ當リ三万四千円ヲ補助シ右
三院ト共ニ年々經費ノ不足額ヲ補助シ目的遂行ニ
當ラシメ來リツツアルガ各院共各種ノ難関ヲ善處シ
設備充成ヲ圖リ各専門分科ヲ増加スル等内容充實
ニ努メタル結果ハ各醫院ノ眞價ハ漸次認メラレ治療患
者ハ年ト共ニ増加スル盛況ニ至リ随テ其ノ收入ヲ増シ
年々當府補助額ハ減少シツツアルハ洵ニ博愛醫院設
立初期ノ目的ヲ達シツツアリト謂フベキモ尚未タ建物設
備其ノ他充分ナラズ各醫院建築ヲ企圖シ既ニ福州ハ
建築中ニ在リト雖設備其ノ他同所在地ニ於ケル歐
米諸國経營醫院ト匹儔スベキニアラサルモノアリ今後
各醫院ヲシテ獨立自營ニ至ラシムルニハ尚將來ヲ有スルモ

ノナリ
現在中華民國ニ於ケル當府補助醫院ハ厦門博愛會醫院、廣東博愛會醫院、福州博愛會醫院汕頭博愛會醫院ノ四院ニシテ何レモ財團法人組織ナリ
診療分科ハ醫院ニ依リ異ニシ厦門ハ五科廣東ハ八科福州ハ七科汕頭ハ二科ナルガ病床ハ厦門一等ヨリ三等迄三種四十四床廣東超等ヨリ四等迄五種四十三床福州特等ヨリ三等迄四種六十床汕頭特等ヨリ三等迄四種三十一床ナリ
職員配置定員ハ書記通譯以上厦門ハ十二名廣東ハ十八名福州ハ十四名汕頭ハ五名ナリ
次ニ醫院位置設立及其ノ他、醫院分科醫院病床、

之

職員配置並補助額調、治療患者調、収入支出決

算調ヲ掲グ

各醫院位置、設立及其他

位置	名稱	設立ノ開院	博愛會長	醫院長
厦門	財團法人厦門博愛會醫院	大正七年三月二十日	院長石井信太郎	石井信太郎
廣東	財團法人廣東博愛會醫院	大正八年三月一日	總商会長 鄭殿邦	事務取扱森 三郎
福州	財團法人福州博愛會醫院	大正八年十月一日	院長小林義雄	小林義雄
汕頭	財團法人汕頭博愛會醫院	大正十三年十二月一日	領事別府熊吉	島 義雄

各醫院診療分科

醫院名	内科	外科	眼科	小児科	産婦人科	耳鼻咽喉科	皮梅科	齒科	理學的治療科	計
厦門	一	一	一		一			一		五
廣東	一	一	一	一	一	一	一		一	八
福州	一	一	一	一	一	一		一		七
汕頭	一	一								二

各醫院病床設備

醫院名	特等	一等	二等	三等	四等	計
厦門		三	一二	二九		四四
廣東	超等 八	頭等 三	一二	七	一三	四三
福州	一	一二	九	三八		六〇
汕頭	四	四	八	一五		三一

各醫院職員配置定員

醫院名	院長	醫長	副醫長	醫員	藥局長	調劑員	事務長 書記長	書記	通譯	計
厦門	一	二	二	四		一	一	一		一二
廣東	一	四	一	女医一 四	一	二	一	二	一	一八
福州	一	三	二	三	一	一	一	二		一四
汕頭	一	一	一		一		一			五

各醫院補助額調

年度＼院名	厦門醫院	廣東醫院	福州醫院	汕頭醫院	計
大正六年	九四、八七四円 〇〇〇	八、五〇〇円 〇〇〇	五、〇〇〇円 〇〇〇		一〇八、三七四円 〇〇
大正七年	五九、〇〇〇〃 〇〇〇	五二、二〇〇弗 〇〇〇	三一、一〇〇弗 〇〇〇		五九、〇〇〇〃 〇〇 八三、三〇〇弗 〇〇
大正八年	四四、〇〇〇弗 〇〇〇 九、〇〇〇円 〇〇〇	六〇、〇〇〇〃 〇〇〇	七九、〇〇〇〃 〇〇〇		一八三、〇〇〇〃 〇〇 九、〇〇〇円 〇〇
大正九年	五五、二一九弗 〇〇〇	六九、二二八〃 〇〇〇	六八、二六七〃 〇〇〇		一九二、六一四弗 〇〇
大正十年	七六、三七七〃 〇〇〇	八八、六六〇〃 〇〇〇 四一、七〇〇円 〇〇〇	七二、六六二〃 〇〇〇		二三七、六九九〃 〇〇 四一、七〇〇円 〇〇
大正十一年	八〇、一四六〃 〇〇〇	四八、一〇〇〃 〇〇〇 八六、一二二弗 〇〇〇	六四、六一七〃 〇〇〇		四八、一〇〇〃 〇〇 二三〇、八八五弗 〇〇
大正十二年	一〇九、三〇〇〃 〇〇〇	四四、二五〇円 〇〇〇 八六、二二一弗 〇〇〇	七〇、二一六〃 〇〇〇	三四、〇〇〇弗 〇〇〇	四四、二五〇円 〇〇 二九九、七三七弗 〇〇
大正十三年	六六、九二〇〃 〇〇〇	四〇、八五〇円 〇〇〇 九二、二一一弗 〇〇〇	六五、八二一〃 〇〇〇	三八、二四九〃 〇〇〇	四〇、八五〇円 〇〇 二六三、二〇一弗 〇〇
大正十四年	一二三、三九三〃 〇〇〇	八九、八〇五〃 〇〇〇	六七、三二一〃 〇〇〇	二五、三〇五〃 〇〇〇	二九五、八二四〃 〇〇
昭和元年	六八、〇〇〇円 〇〇〇	一〇六、五〇〇円 〇〇〇	九七、〇〇〇円 〇〇〇	六八、七一七円 九七	三〇〇、二一七円 九九
昭和二年	六六、三五二〃 〇〇〇	九四、〇〇〇〃 〇〇〇	七一、七七六〃 〇〇〇	二五、八三九〃 〇〇〇	二五七、九六七〃 〇〇

昭和三年	六六、〇〇〇〃	〇〇〇	八八、〇〇〇〃	〇〇〇	七二、〇〇〇〃	〇〇〇	二六、〇〇〇〃	〇〇〇	二五二、〇〇〇〃	〇〇
昭和四年	五二、五〇〇〃	〇〇〇	七二、〇〇〇〃	〇〇〇	五三、五〇〇〃	〇〇〇	二五、〇〇〇〃	〇〇〇	二〇三、〇〇〇〃	〇〇
昭和五年	四六、九〇〇〃	〇〇〇	六四、八〇〇〃	〇〇〇	五〇、〇〇〇〃	〇〇〇	二二、五〇〇〃	〇〇〇	一八四、二〇〇〃	〇〇
昭和六年	三九、〇〇〇〃	〇〇〇	五八、〇〇〇〃	〇〇〇	四六、〇〇〇〃	〇〇〇	二〇、五〇〇〃	〇〇〇	一六三、五〇〇〃	〇〇

各医院治療患者調

年次／院名	廈門博愛醫院	廣東博愛醫院	福州博愛醫院	汕頭博愛醫院
大正七年	三四、五八二人			
大正八年	四一、六六八	三二、一〇九人	一六、〇三一人	
大正九年	五六、一八四	七〇、七五二	七四、六七五	
大正十年	六四、七六八	一三八、〇八九	七九、九九八	
大正十一年	八五、一二二	一六八、二〇二	九五、九九六	
大正十二年	一〇七、三三八	二二六、〇八七	一〇六、二六六	
大正十三年	一二一、四六五	二七〇、三三二	一二九、八三八	四二、二六四
大正十四年	一三〇、五〇二	二七〇、五九三	一一〇、〇〇〇	三四、二六八
昭和元年	一一九、四六一	三三一、〇二四	一三一、九八一	三六、三四〇
昭和二年	一一三、四七一	二五〇、七三八	一六六、七一九	五四、八六四
昭和三年	一三一、八三三	二五三、三三四	一六四、七〇六	四八、二五三

昭和四年	一八九、〇一三	三〇五、二〇五	一八六、一四八	五八、三七七
昭和五年	二三三、一八九	三四二、五五二	一八八、二一〇	六二、〇四二

各醫院收入支出決算状況調

年度　区別	廈門醫院 收入額	廈門醫院 支出額	廣東醫院 收入額	廣東醫院 支出額	福州醫院 收入額	福州醫院 支出額	汕頭醫院 收入額	汕頭醫院 支出額
大正七年	三、九七五 六五（湾）	金三四九三三 四八 銀二、三四二 二七	一四 八五（毫）	三、八四九 〇四（毫）				
大正八年	三、四四〇 〇五	四九、五三五 四〇（湾）	三、三一四 三二	七二、九八三 二七	八、六四四 四〇（弗）	七八、八〇九 八五（弗）		
大正九年	一五、三三四 五八	六六、〇五六 一八	二六、八八五 一三	八七、三八 〇〇	三、〇五〇 九〇	七四、八四五 七八		
大正十年	一七、〇三一 一三	七六、〇二六 一九	五五、四八八 二三	三一、五九五 六二	二五、八〇九 九〇	八一、七六三 四三		
大正十一年	三三、三五二 七四	八四、八七八 〇二	四二、八二五 八八	一〇四、一三三 〇〇	二六、五五九 六〇	六六、六六〇 三〇		
大正十二年	三一、九一九 六二	一〇一、九七六 四八	五四、七〇八 五三	一二四、六六四 四八	二六、九一二 八〇	八五、八一九 四〇		
大正十三年	三二、〇八一 四二	八九、五三二 〇二	六〇、〇四二 五四	一三四、一三三 〇〇	三一、六六〇 五四	八〇、六〇〇 七七	一、九四八 三三（弗）	四〇、三九二 五六（弗）
大正十四年	三〇、〇八九 六四	八五、〇七一 一三	五二、七三六 二九	一三三、四一六 〇〇	三四、八〇九 六五	八二、四七五 三〇	八、五三二 三九	四六、六九八 一九
昭和元年	三四、一五八 八四	八八、四五六 四九	七六、八六四 七五	一四二、四二四 三四	四六、五一七 九五	九二、九〇〇 四四	三、三一五 九三	三二、八〇六 一四
昭和二年	三三、五一二 〇一	一九四、二九四 一五	六九、五三七 三三	一四〇、五四二 四四	四七、七八〇 〇六	一〇〇、七八二 七八	一七、四一三 七〇	三六、七七三 二六

昭和三年	三三、一一八	八〇	九、〇一五	六七	六四、九八八	八六	一三、三七四	五三	四九、五一四	九八〇	一〇九、三三一	六〇	一六、七四〇	三六	四三四四九	八八
昭和四年	六一、二〇四	〇二	一〇八、一三二	三六	七三、七八九	四六	一三四五六八	三三	五七、七二一	三〇	一四四、三〇四	五七〇	一九、四二〇	一七	四三、四一〇	七三
昭和五年	七七、五四一	三八	一三七、六六四	二六	八五、六四一	八五	二九六、一〇二	五四	六三、八八〇	一九〇	一四八、三九〇	八五〇	三三、〇一八	九〇	六五、四六七	二六

備考

一、収入ハ患者収入額ヲ支出ハ経常部支出額ヲ掲ク

二、將來ノ方針
各醫院ハ漸次發展シ當府補助金年々減少スル狀態ニ在リ如斯其ノ發達ト共ニ之カ補助ヲ減スルハ勿論ナルモ各醫院ハ既ニ治療其ノ他ニ不便狹隘ヲ感ジ且ツ腐朽蟻害等ニ依リ使用上ノ虞アリ仍テ汕頭醫院以外ノ三院ハ往年ノ建築企劃ヲ實行セントスルトコロニシテ福州ハ第一着手トシテ目下建築中ニ在リ各院如斯建築ヲ竣成シ且ツ內容ノ充實ヲ圖ルニ於テハ自然內外人ノ信頼ヲ博シ醫院收入增加スルハ瞭ナルトコロナルヲ以テ益々之ガ助長完成ニ努メ各醫院ヲシテ自立自營ニ至ラシムルモノナルモ目下各醫院ハ之カ過程中ニ在リ當府補助ヲ繼續スベキモノ

テルガ殊ニ現在ノ時局ハ各醫院ニ致命的影響ヲ與ヘ收入激減收拾スベカラザル状態ニ在ルモノアリ、仍テ此際更ニ整理節約ヲ加ヘ難局ニ處スルト共ニ尚一面臺灣總督府ハ博愛醫院存續ノ爲必要ナル補助ヲナスヘキ所ナリト思料ス

三、時局ノ醫院ニ及ホシタル影響

中華民國ニ於ケル往年ノ排外、排日ニ對シテハ其ノ都度一般ト共ニ多少ノ影響ヲ受ケタルトコロナルガ廣東醫院ノ如キ昭和二年ノ廣東共産黨事件ニハ危ク類燒ヲ免レタル如キモノアリ年々各醫院ノ努カニヨリ順調ニ發達シ來リタルモ本回北滿ニ於ケル日華關係急迫ヲ告グルヤ南支ニ於ケル排日運動ハ熾烈トナリ往時ニ於ケル排日状態ト全ク異ニセル執拗ヲ示シ排日貨ハ勿論侮辱的態度ニ出テ日貨販賣ノ中華人ヲ晒物ニスル等アリ隨テ本醫院ノ治療ヲ受ケントスル者如斯反動アルヲ慮ルモノノ如ク昭和六年十月ヨリ廣東醫院ニハ千名以上ノ入院患者アリタル前年十月又ハ前月ニ比シ僅ニ二名、外來患者四分ノ一ニモ足ラザル状況トナリ十一月ニハ全然入院患者ナク外來患者更ニ激減シ現在ハ殆ント休業状態ニ在ルモノノ如ク汕頭醫院ハ昨年十月入院ハ其ノ前年十月又ハ本年九月ノ三分一、外來患者半数ニ減少シ更ニ十一月、十二月ハ激減現在ハ廣東同様休業ノ如キ状態ニアルモノノ如ク厦門醫院、福州醫院ハ如斯キコトナキモ約半減ノ状態ニアリ時局永續スルニ於テハ廣東、汕頭醫院ハ收拾スベカラザルニ至ラザルカト焦慮中ノモノナリ

次ニ昭和六年中ニ於ケル醫院治療患者、收入ニ關スル調書ヲ掲グ

昭和六年 昭和五年 醫院治療患者比較

厦門醫院

区別 月次	入院 昭和六年	入院 仝五年	入院 比較増(減)	外来 昭和六年	外来 仝五年	外来 比較増(減)	計 昭和六年	計 仝五年	計 比較増(減)
一月	一、三六四	四九五	八六九	一七、七七八	九、九七二	七、八〇六	一九、一四二	一〇、四六七	八、六七五
二月	七六六	五〇七	二五九	一五、九〇六	一一、七〇一	四、二〇五	一六、六七二	一二、二〇八	四、四六四
三月	一、二四七	四九〇	七五七	二三、五一九	一三、五九六	九、九二三	二四、七六六	一四、〇八六	一〇、六八〇
四月	一、一八〇	五八四	五九六	二〇、七四四	一三、六五九	七、〇八五	二一、九二四	一四、二四三	七、六八一
五月	一、三六七	九四三	四二四	二二、三二四	一六、七五七	五、五六七	二三、六九一	一七、七〇〇	五、九九一
六月	一、〇五二	一、二〇七	(一五五)	二一、五一九	一五、七四〇	五、七七九	二二、五七一	一六、九四七	五、六二四
七月	一、三七五	一、四四五	(七〇)	二四、五七一	一六、一一三	八、四五八	二五、九四六	一七、五五八	八、三八八
八月	一、五〇七	一、三三七	一七〇	二三、三三四	一九、二〇一	四、一三三	二四、八四一	二〇、五三八	四、三〇三
九月	一、〇四八	一、三三〇	(二八二)	二四、三八四	二〇、〇五九	四、三二五	二五、四三二	二一、三八九	四、〇四三
十月	八四九	九三九	(九〇)	一七、三三八	二一、三三四	(三、九九六)	一八、一八七	二二、二七三	(四、〇八六)
十一月	六五五	九三七	(二八二)	一二、二五三	一八、七九〇	(六、五三七)	一二、九〇八	一九、七二七	(六、八一九)

昭和六年 昭和五年 醫院治療患者比較

廣東醫院

月次＼區別	入院 昭和六年	入院 昭和五年	入院 比較増(減)	外來 昭和六年	外來 昭和五年	外來 比較増(減)	計 昭和六年	計 昭和五年	計 比較増(減)
一月	八八五	六七八	二〇七	二四、六九八	一四、三五五	一〇、三四三	二五、五八三	一五、〇三三	一〇、五五〇
二月	七〇一	六五八	四三	一六、〇八五	一六、五〇〇	(四一五)	一六、七八六	一七、一五八	(三七二)
三月	一、〇八二	七五九	三二三	二一、九三八	二〇、八七一	一、〇六七	二三、〇二〇	二一、六三〇	一、三九〇
四月	一、〇八九	九九七	九二	二三、一四五	二八、〇二七	(四、八八二)	二四、二三四	二九、〇二四	(四、七九〇)
五月	一、一二四	一、〇四一	八三	三四、四五八	三一、一四五	三、三一三	三五、五八二	三二、一八六	三、三九六
六月	一、一五八	一、一一六	四二	三三、九八七	二九、六六二	四、三二五	三五、一四五	三〇、七七八	四、三六七
七月	一、一五二	一、一七二	(二〇)	四一、八一四	三二、三二八	九、四八六	四二、九六六	三三、五〇〇	九、四六六
八月	一、一三九	一、一九七	(五八)	三七、九六七	三五、四三一	二、五三六	三九、一〇六	三六、六二八	二、四七八
九月	一、一三二	一、一一九	一三	三三、六四二	三三、三五三	二八九	三三、七七四	三三、四七二	三〇二

昭和六年 昭和五年 醫院治療患者比較

福州醫院

月次＼區別	入院 昭和六年	入院 全五年	入院 比較増(減)	外來 昭和六年	外來 全五年	外來 比較増(減)	計 昭和六年	計 全五年	計 比較増(減)
一月	八九八	六五四	二四四	一一、二二八	九、一五九	二、〇六九	一二、一二六	九、八一三	二、三一三
二月	六一五	七一一	(九六)	八、五五五	一二、二六九	(三、七一四)	九、一七〇	一二、九八〇	(三、八一〇)
三月	一、一五五	一、〇三三	一二二	一三、〇八九	一五、〇三八	(一、九四九)	一四、二四四	一六、〇七一	(一、八二七)
四月	一、〇七四	一、一九五	(一二一)	一五、二一二	一五、六一六	(四〇四)	一六、二八六	一六、八一二	(五二五)
五月	九九九	一、二五二	(二五三)	一四、五五一	一七、〇五五	(二、五〇四)	一五、五五〇	一八、三〇七	(二、七五七)
六月	一、〇八五	一、五〇五	(四二〇)	一三、五〇〇	一七、〇八四	(三、五八四)	一四、五八五	一八、五八九	(四、〇〇四)
七月	一、三二一	一、六二一	(三〇〇)	一四、六五八	一六、四六一	(一、八〇三)	一五、九七九	一八、〇八二	(二、一〇三)
十月	二	一、一四四	(一、一四二)	六五五八	二八、七七八	(二二、二二〇)	六五六〇	二九、九二二	(二三、三六二)
十一月	、	九四七	(九四七)	七、〇九六	二五、一三一	(一八、〇三五)	七、〇九六	二六、〇七八	(一八、九八二)

八月	一、三〇二	一、六七四	（三七二）	一三、四九二	一七、六一八	（四、一二六）	一四、七九四	一九、二九二	（四、四九八）
九月	九八二	一、五五八	（五七六）	一二、八五八	一五、五七三	（二、七一五）	一三、八四〇	一七、一三一	（三、二九一）
十月	八一八	一、一一七	（二九九）	一〇、二七八	一四、一九一	（三、九一三）	一一、〇九六	一五、三〇八	（四、二一二）
十一月	六二七	九八一	（三五四）	七、七四六	一四、三八三	（六、六三七）	八、三七三	一五、三六四	（六、九九一）

昭和六年昭和五年醫院治療患者比較

汕頭醫院

月次／区別	入院 昭和六年	入院 仝五年	入院 比較増（減）	外来 昭和六年	外来 仝五年	外来 比較増（減）	計 昭和六年	計 仝五年	計 比較増（減）
一月	二七五	一五一	一二四	四、八三七	三、三四六	一、四九一	五、一一二	三、四九七	一、六一五
二月	二五五	一三八	一一七	四、〇九四	三、四六五	六二九	四、三四九	三、六〇三	七四六
三月	三五五	二七一	八四	五、五九四	四、三八九	一、二〇五	五、九四九	四、六六〇	一、二八九
四月	三四四	二六〇	八四	五、七四〇	五、一三四	六〇六	六、〇八四	五、三九四	六九〇
五月	二五六	二八九	（三三）	六、三三八	四、七四六	一、五九二	六、五九四	五、〇三五	一、五五九

六月	三五〇	四一三	(六三)	七,五一一	四,一七二	三,三三九	七,八六一	四,五八五	三,二七六
七月	三四三	四九三	(一五〇)	九,八二九	四,〇六六	五,七六三	一〇,一七二	四,五五九	五,六一三
八月	三五八	二九一	六七	七,四五二	四,八一六	二,六三六	七,八一〇	五,一〇七	二,七〇三
九月	三二〇	三四三	(二三)	六,五五一	四,七七六	一,七七五	六,八七一	五,一一九	一,七五二
十月	一〇二	三〇四	(二〇二)	三,五八三	五,五九一	(二,〇〇八)	三,六八五	五,八九五	(二,二一〇)
十一月	六七	二四三	(一七六)	二,二五七	五,二二三	(二,九六六)	二,三二四	五,四六六	(三,一四二)

昭和六年 昭和五年 醫院治療患者比較率

醫院名＼區別	十月分 昭和六年	十月分 仝五年	十月分 比較増(減)	十月分 前年ニ対スル%	十一月分 昭和六年	十一月分 仝五年	十一月分 比較増(減)	十一月分 前年ニ対スル%
厦門醫院	一八、一八七	二二、二七三	(四、〇八六)	八一、六五	一二、九〇八	一九、七二七	(六、八一九)	六五、四三
廣東醫院	六、五六〇	二九、九二二	(二三、三六二)	二一、九二	七、〇九六	二六、〇七八	(一八、九八二)	二七、二一
福州醫院	一一、〇九六	一五、三〇八	(四、二一二)	七二、四八	八、三七三	一五、三六四	(六、九九一)	五四、四九
汕頭醫院	三、六八五	五、八九五	(二、二一〇)	六二、五一	二、三二四	五、四六六	(三、一四二)	四二、五一

昭和六年各醫院治療患者、收入調

院別／月別	廈門醫院		廣東醫院		福州醫院		汕頭醫院	
	患者數	收入金額	患者數	收入金額	患者數	收入金額	患者數	收入金額
一月	一九、一四二	六、六四八、七二弗	二五、五八三	九、二一八、八五弗	一二、一二六	四、七四一、九八弗	五、一一二	一、六六八、一〇弗
二月	一六、六七二	五、三五五、〇三	一六、七八六	六、六七三、一〇	九、一七〇	三、四五一、五三	四、三四九	一、六五九、〇〇
三月	二四、九一九	七、五〇四、八三	二三、〇二〇	一〇、九二八、四五	一四、二四四	五、四九三、一八	五、九四九	二、〇九七、七〇
四月	二一、九二四	七、〇九八、六七	二四、二三四	一三、六七三、三五	一六、二八六	六、〇五九、五三	六、〇八四	二、二九六、〇〇
五月	二三、六九一	七、四三五、七六	三五、五八二	一三、六一三、三五	一五、五五〇	六、〇七五、一二	六、五九四	二、二四三、八〇
六月	二三、五七一	六、九六八、九六	三五、一四五	一四、〇八七、五	一四、五八五	五、六九九、六八	七、八六一	二、五九五、四〇
七月	二五、九四六	七、九九八、五一	四六、九六六	一六、〇七、五五	一五、九七九	六、二九九、五九	一〇、一七二	三、八〇、六〇
八月	二四、一四一	七、九九八、六二	三九、一〇六	一五、八五、五五	一四、七九四	六、三二九、五三	七、八一〇	二、六〇九、五〇
九月	二五、四三二	七、四〇八、八七	三三、七七四	一四、一〇九、三〇	一三、八四〇	五、四七八、二九	六、八七一	二、三九五、八〇
十月	一八、一八七	五、三〇四、三七	六、五六〇	二、八七三、六〇	一一、〇九六	四、八〇〇、三八	三、六八八	一、一三六、七六
十一月	一三、九〇八	三、七〇八、〇五	七、〇九六	二、七九二、〇〇	八、三七三	三、〇〇五、七一	二、三二四	六三九、一〇

昭和六年九月ヲ基調トシ之ヲ百トシ

院名	廈門醫院		廣東醫院		福州醫院		汕頭醫院	
月別	患者	收入金額	患者	收入金額	患者	收入金額	患者	收入金額
十月	七一、五一	七一、五九	一九、四二	二〇、三六	八〇、一七	八七、六三	五三、六七	四七、四五
十一月	五〇、七五	五〇、〇五	二一、〇一	一九、七九	六〇、五〇	五四、八七	三三、八二	二六、二六

解題者紹介

河原　功（かわはら・いさお）

1948年　東京都に生まれる
1974年　成蹊大学大学院（日本文学専攻）修了
現　在　一般財団法人台湾協会理事

著　書　『台湾新文学運動の展開―日本文学との接点』（研文出版、1997年）
　　　　『翻弄された台湾文学―検閲と抵抗の系譜』（研文出版、2009年）
共　著　『台湾の「大東亜」戦争』（東京大学出版会、2002年）
　　　　『講座　台湾文学』（国書刊行会、2003年）
　　　　『台湾近現代文学史』（研文出版、2014年）
監　修　『台湾引揚・留用記録』全10巻（ゆまに書房、1997－1998年）
　　　　『台湾引揚者関係資料集』全7巻・付録2（不二出版、2011－2012年）
　　　　『資料集　終戦直後の台湾』全3巻（不二出版、2015年）
解　説　『台湾出版警察報』全5巻（不二出版、2001年）
共　編　『日本統治期台湾文学　日本人作家作品集』全6巻（緑蔭書房、1998年）
　　　　『日本統治期台湾文学　台湾人作家作品集』全6巻（緑蔭書房、1999年）
　　　　『日本植民地文学精選集・台湾編』全14巻（ゆまに書房、2000－2001年）
　　　　『日本統治期台湾文学集成』全30巻（緑蔭書房、2002－2007年）

十五年戦争極秘資料集　補巻　48
台湾《たいわん》総督《そうとく》府《ふ》第《だい》六《ろく》十《じゅっ》回《かい》帝国《ていこく》議会《ぎかい》説明《せつめい》資料《しりょう》　第1冊
二〇一八年一〇月一日　第一刷発行
定価（本体一九、〇〇〇円＋税）

解題者　河原　功
発行者　小林淳子
発行所　不二出版㈱
東京都文京区水道二－一〇－一〇
電話〇三－五九八一－六七〇四
振替〇〇一六〇－二－九四〇八四
印刷＝栄光　製本＝青木製本

第1冊　ISBN 978-4-8350-6869-5

◉十五年戦争極秘資料集 補巻①～48

❶ 毒ガス戦教育関係資料
内藤裕史 編・解説 18、000円 ISBN978-4-8350-1031-1

❷ 毒ガス戦関係資料Ⅱ
吉見義明・松野誠也 編・解説 18、000円 ISBN978-4-8350-1032-8

❸ 思想彙報Ⅱ
荻野富士夫 編・解説 15、000円 ISBN978-4-8350-1033-5

❹ 戦時下国民栄養の現況調査報告書（昭和18年）
金子 俊 編・解説 15、000円 ISBN978-4-8350-1034-2

❺ 第一次上海事変における第九師団軍医部「陣中日誌」
野田勝久 編・解説 18、000円 ISBN978-4-8350-1035-9

❻ 盧溝橋事件期支那駐屯憲兵隊 重松関係文書
北 博昭 編・解説 9、000円 ISBN978-4-8350-1036-6

❼ 韓国併合始末 関係資料
海野福寿 編・解説 9、500円 ISBN978-4-8350-1037-3

❽ 軍隊警察の対立と憲兵司令部 重松関係文書Ⅱ
北 博昭 編・解説 9、000円 ISBN978-4-8350-1038-0

❾ 南方地域現地自活教本
野田勝久 編・解説 8、500円 ISBN978-4-8350-1039-7

❿ 戦後の皇軍 重松憲兵少佐綴
北 博昭 編・解説 9、000円 ISBN978-4-8350-1040-3

⓫ 二反長音蔵・アヘン関係資料
倉橋正直 編・解説 8、500円 ISBN978-4-8350-1041-0

⓬ 東亜諸民族の死亡に関する衛生統計的調査
金子 俊 編・解説 12、000円 ISBN978-4-8350-1042-7

⓭ 関東軍参謀部作成総動員関係調査資料
永島勝介・安富 歩 編・解題 8、500円 ISBN978-4-8350-1043-4

⓮ 軍律法廷審判例集
北 博昭 編・解説 8、500円 ISBN978-4-8350-1044-1

⓯ 南方方面海軍資料
野田勝久 編・解説 9、500円 ISBN978-4-8350-1045-8

⓰ 陸軍に於ける花柳病
早川紀代 編・解説 9、500円 ISBN978-4-8350-1425-8

⓱ 毒ガス戦教育関係資料Ⅱ
内藤裕史 編・解説 8、500円 ISBN978-4-8350-1426-5

⓲ 十五年戦争末期国内憲兵分遣隊報告
北 博昭 編・解説 9、000円 ISBN978-4-8350-1427-2

⓳ 日本占領下上海における日中要人インタビューの記録
髙綱博文 編・解説 9、500円 ISBN978-4-8350-1428-9

⓴ 満洲国軍ノ現況
松野誠也 編・解説 18、000円 ISBN978-4-8350-1429-6

㉑ ベンゾイリン不正輸入事件関係資料
倉橋正直 編・解説 8、500円 ISBN978-4-8350-1430-2

㉒ 終戦後の法令制定・改正・廃止経過一覧
茶園義男 編・解説 9、800円 ISBN978-4-8350-1431-9

㉓ 陸軍軍医学校防疫研究報告 全8冊・別冊1
常石敬一 解説 全9冊揃 161、000円 ISBN978-4-8350-5375-2

㉔ 山東出兵時における「第三師団特種研究記事」
福島幸宏 編・解説 28、000円 ISBN978-4-8350-4750-8

㉕ 宣撫月報 全8冊・別冊1
山本武利 解説 全9冊揃 145、000円 ISBN978-4-8350-5645-6

㉖ 五・一五事件期憲兵司令部関係文書
北 博昭 編・解説 12、000円 ISBN978-4-8350-5655-5

㉗ 関東軍化学部・毒ガス戦教育演習関係資料
松村高夫・松野誠也 編・解説 20、000円 ISBN978-4-8350-5656-2

㉘ 資料集成 戦争と障害者〔第一期〕全7冊
清水 寛 編 全7冊揃 140、000円 ISBN978-4-8350-5758-3

㉙ 陸軍省『調査彙報』 全5冊・別冊1
松野誠也 編・解説 全6冊揃 76、000円 ISBN978-4-8350-5834-4

㉚ 外邦測量沿革史 草稿 全4冊・別冊1
小林 茂 解説 全5冊揃 113、000円 ISBN978-4-8350-6237-2

㉛ 大同保育隊報告
藤野 豊 編・解説 15、000円 ISBN978-4-8350-6243-3

㉜ 戦場心理の研究 全4冊
岡田靖雄 解説 全4冊揃 32、000円 ISBN978-4-8350-6244-0

㉝ 満洲事変日誌記録 全3冊
芳井研一 解説 全3冊揃 36、000円 ISBN978-4-8350-6249-5

㉞ 「合作社事件」関係資料 全2冊
「合作社事件」研究会編・解説 全2冊揃 40、000円 ISBN978-4-8350-6253-2

㉟ 情 報 全9冊・別冊1
三好 章 解題 全10冊揃 136、000円 ISBN978-4-8350-6256-3

㊱ 南満州鉄道株式会社 帝国議会説明資料・別冊
芳井研一 解説 12、000円 ISBN978-4-8350-6267-9

㊲ 陸軍経理学校五十年史 全3冊
中野 良 解説 全3冊揃 36、000円 ISBN978-4-8350-6829-9

㊳ 『研究蒐録 地図』 全3冊
小林茂・渡辺理絵 解説 全3冊揃 54、000円 ISBN978-4-8350-6833-6

㊴ 東京時事資料月報
芳井研一 解説 12、000円 ISBN978-4-8350-6837-4

㊵ 特調班月報・通訊 全4冊
三好 章 解題 全4冊揃 64、000円 ISBN978-4-8350-6839-8

㊶ 大阪府特高警察関係資料 ―昭和二〇年
塚﨑昌之 解説 20、000円 ISBN978-4-8350-6844-2

㊷ 憲兵隊が記す日中開戦時の国内状況
北 博昭編・解説 19、000円 ISBN978-4-8350-6845-9

㊸ 内外地憲兵隊にみる検閲錬成
北 博昭編・解説 20、000円 ISBN978-4-8350-6846-6

㊹ 戦時下政治行政活動史料 一九四二―一九四五 全3冊
古川隆久編・解説 全3冊揃 57、000円 ISBN978-4-8350-6847-3

㊺ 海軍軍法会議判例類集
北 博昭編・解説 19、000円 ISBN978-4-8350-6851-0

㊻ 陸軍軍法会議判例類集 全2冊
北 博昭編・解説 全2冊揃 38、000円 ISBN978-4-8350-6852-7

㊼ 総力戦研究所関係資料集 全9冊・別冊1
粟屋憲太郎・中村陵編・解説 全10冊揃 153、000円 ISBN978-4-8350-6855-8

㊽ 台湾総督府第六十回帝国議会説明資料 全5冊
河原 功 解題 全5冊揃 95、000円 ISBN978-4-8350-6868-8

以後新資料発見次第、逐次刊行予定